사회평론

글 사회평론 과학교육연구소
대학에서 오랫동안 과학을 연구한 전문가들이 모여, 우리 아이들이 쉽고 재미있게 공부할 수 있는 책을 만들고 있습니다.

글 이명화 (사회평론 과학교육연구소 연구원)
서울대학교 물리교육과를 졸업하고 같은 대학교 대학원에서 석사, 박사 학위를 받았습니다. 10여 년간 중학교에서 과학을 가르쳤으며, 미국 아리조나 주립대에서 물리학으로 박사 학위를 받고 독일, 미국, 영국에서 연구원으로 근무하였습니다. 쉽고 재미있는 과학책을 쓰는 일에 관심을 갖고 있으며, 현재 사회평론 과학교육연구소 연구원으로 과학책을 만들고 있습니다.

글 김형진 (사회평론 과학교육연구소 연구원)
연세대학교 천문대기과학과를 졸업하고 같은 대학교 대학원에서 석사, 박사 학위를 받았습니다. 과학자를 꿈꾸는 아이들에게 올바른 과학 개념과 과학적 태도를 함께 키울 수 있는 방법을 전달하기 위해 노력하고 있습니다. 현재 사회평론 과학교육연구소 연구원으로 과학책을 만들고 있습니다.

글 설정민 (사회평론 과학교육연구소 연구원)
서울대학교 생물학과를 졸업하고 같은 대학교 대학원에서 석사 학위를 받은 뒤 박사 과정을 수료하였습니다. 아이에게 과학을 쉽고 재미있게 얘기해 주려 노력하다 보니 어린이를 위한 책을 만드는 일에도 관심을 가지게 되었습니다. 현재 사회평론 과학교육연구소 연구원으로 과학책을 만들고 있습니다.

글 이현진 (사회평론 과학교육연구소 연구원)
상명대학교에서 생물학과를 졸업하고 열린사이버대학교에서 심리학을 공부했습니다. 서울의대유전체의학연구소에서 연구원으로 있었으며, 와이즈만영재교육연구소와 아이스크림미디어에서 다수의 과학콘텐츠를 개발했습니다.

그림 김인하
시각디자인을 전공하고 1999년 월간지에 만화를 연재하며 작품 활동을 시작하였습니다. 《건방진 우리말 달인》, 《똑똑한 어린이 대화법》 등에 그림을 그렸습니다. 이 책을 읽는 어린이들의 밝은 미래를 기원합니다.

그림 뭉선생
2004년 LG 동아 국제만화 공모전에 입상하며 작품 활동을 시작했습니다. 그린 책으로 《조지의 우주를 여는 비밀 열쇠》 시리즈, 《용선생 만화 한국사》 시리즈, 《용선생 처음 한국사》 시리즈, 《용선생 처음 세계사》 시리즈 등이 있습니다.

그림 윤효식
2002년 《소년 챔프》에 〈신검〉으로 데뷔하여 어린이에게 유익한 학습 만화를 그리고 있습니다. 그린 책으로 《마법천자문 사회원정대》 시리즈, 《용선생 만화 한국사》 시리즈, 《용선생 처음 한국사》 시리즈, 《용선생 처음 세계사》 시리즈 등이 있습니다.

감수 강남화
서울대학교 물리교육과를 졸업하고 같은 대학교 대학원에서 석사 학위를 받았습니다. 미국 조지아주립대학교에서 박사 학위를 받았습니다. 미국에서 10년간의 교수 생활 후 현재 한국교원대학교 물리교육과 교수로 재직 중입니다. 2015 개정 교육과정의 고등학교 물리교과서를 함께 저술했으며, 함께 번역한 책으로 《재미있는 물리 여행》, 《드로잉 피직스》가 있습니다.

캐릭터 이우일
홍익대학교에서 시각디자인을 공부한 만화가입니다. 그림책 작가인 아내 선현경, 딸 은서, 고양이 카프카와 함께 그림을 그리고 글을 쓰며 살고 있습니다. 지은 책으로 《우일 우화》, 《옥수수빵과랑》, 《좋은 여행》, 《고양이 카프카의 고백》 등이 있고, 그린 책으로 《노빈손》 시리즈, 《용선생의 시끌벅적 한국사》 시리즈, 《교양으로 읽는 용선생 세계사》 시리즈 등이 있습니다.

용선생의 시끌벅적 과학교실

전기

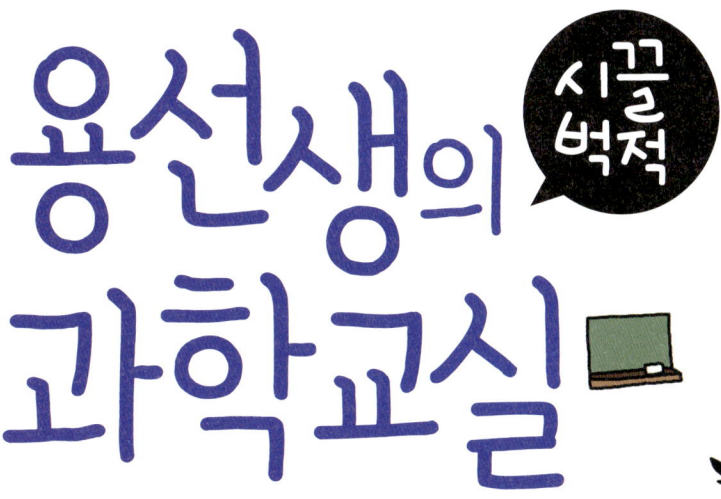

글 사회평론 과학교육연구소 | 그림 김인하·뭉선생·윤효식 | 감수 강남화 | 캐릭터 이우일

전선 안에서는 무슨 일이?

사회평론

프롤로그

여러분, 안녕? 과학반을 맡은 용선생이야. 내 명성은 익히 들어 봤겠지? 역사반과 세계사반을 모두 훌륭하게 성공시키며 방과 후 교실 최고의 인기 교사가 된 그 용선생이란다. 교장 선생님께서 특별히 부탁하셔서 이번에는 과학반을 맡게 되었어. 어찌나 사정을 하시던지 도무지 거절할 수가 없었지 뭐야. 그래서 이 몸이 깜짝 놀랄 수업을 준비했단다.

우리의 수업은 언제나 질문과 함께 출발해. 세상을 둘러보다가 누군가 "저건 왜 그래요?" 하고 질문하면 바로 그 순간 수업이 시작되는 거지. 이제부터 용선생의 시끌벅적 과학교실을 제대로 즐기는 방법을 하나씩 알려 줄게.

첫째, 과학반 친구들과 함께 호기심을 갖고 질문해 봐. 과학을 어렵게만 생각하지 말고, 매 교시마다 아이들이 어떤 호기심을 가지는지 관심을 가져 봐. 과학반 친구들과 함께 '왜 그럴까?', '어떻게 알아낼 수 있을까?' 고민하다 보면 어렵던 과학도 쉽게 느껴질 거야.

둘째, 어려운 내용은 사진과 그림으로 이해해 봐. 어려운 과학 개념과 원리를 한 장의 사진이나 그림을 통해 단숨에 이해할 수도 있어. 그래서 너희를 위해 사진과 그림을 많이 준비했단다. 글을 읽다가 어렵다 싶으면 옆에 있는 사진과 그림을 봐. 잘 이해되지 않던 내용이 틀림없이 술술 이해될 거야.

셋째, 배운 내용을 되새기며 머릿속에 정리해 봐. 왁자지껄한 수업을 마치고 나면 뭘 배웠는지 정리가 안 될 때도 있을 거야. 그럴 때를 대비해 중간중간 핵심 정리를 준비했어. 또 배운 내용을 4컷 만화로 재미있게 요약해 두었지. 게다가 교시가 끝날 때마다 나선애의 정리노트도 마련했단다. 이 정도면 학습 정리는 문제없겠지?

과학은 분야도 다양하고 배울 내용도 아주 많아. 쉽게 이해할 수 있는 부분도 있지만, 여러 번 곰곰이 생각해 봐야 알 수 있는 부분도 있지. 이 책을 여러 번 다시 읽다 보면 구석구석 빠짐없이 모두 이해될 거야.

자, 이제 용선생의 시끌벅적 과학교실을 제대로 즐길 준비가 됐겠지? 그럼 신나는 수업을 시작해 볼까?

차례 | 전기

1교시 | 마찰 전기
문지르면 왜 달라붙을까?

서로 다른 물체를 문지르면 달라붙는다고? … 12
전기를 일으키는 것은? … 15
평소에는 왜 달라붙지 않지? … 16
마찰하면 무슨 일이 일어나는 거지? … 18
전자는 어디서 어디로 이동할까? … 20

나선애의 정리 노트 … 24
과학퀴즈 달인을 찾아라! … 25

교과연계
초 3-1 자석의 이용 | 초 6-2 전기의 이용
중 2 전기와 자기

3교시 | 전기 회로와 전류
플러그를 왜 꽂을까?

전기 기구가 작동하려면? … 48
전류는 어디서 어디로 흐를까? … 50
전류는 얼마나 빠를까? … 53
전류에도 세기가 있다고? … 57

나선애의 정리노트 … 60
과학퀴즈 달인을 찾아라! … 61

교과연계
초 6-2 전기의 이용 | 중 2 전기와 자기

2교시 | 정전기 유도
깡통이 왜 끌려올까?

깡통이 막대에 끌려오는 까닭은? … 28
깡통은 막대에만 끌릴까? … 31
정전기가 유도되는 까닭은? … 34
금속이 아니어도 정전기가 유도될까? … 37

나선애의 정리노트 … 42
과학퀴즈 달인을 찾아라! … 43
용선생의 과학 카페 … 44
  - 정전기를 이용해 자동차를 멋지게 칠하는 법
  - 정전기를 이용해 범인을 잡는 법

교과연계
초 6-2 전기의 이용 | 중 2 전기와 자기

4교시 | 전압
전지를 잘못 끼우면?

전류가 흐르게 하려면? … 65
리모컨이 작동하지 않은 까닭은? … 69
전지를 연결하는 또 다른 방법! … 71

나선애의 정리노트 … 74
과학퀴즈 달인을 찾아라! … 75
용선생의 과학 카페 … 76
  - 전지의 역사가 볼타오르다

교과연계
초 6-2 전기의 이용 | 중 2 전기와 자기

5교시 | 저항

전선을 왜 플라스틱으로 감쌀까?

전류의 흐름을 방해하는 범인은? … 80
저항은 왜 물질마다 다를까? … 82
구리 전선은 모두 저항이 같을까? … 86

나선애의 정리노트 … 88
과학퀴즈 달인을 찾아라! … 89
용선생의 과학 카페 … 90
 - 반도체, 너의 정체는?

교과연계
초 6-2 전기의 이용 | 중 2 전기와 자기

7교시 | 전구의 연결

전기 기구들을 어떻게 연결할까?

크리스마스트리 전구의 연결 방법 … 111
전기를 쓰면 전자가 없어질까? … 114
전구가 많을수록 더 밝아질까? … 117
전구가 많을수록 더 밝아지려면? … 119

나선애의 정리노트 … 122
과학퀴즈 달인을 찾아라! … 123
용선생의 과학 카페 … 124
 - 전기 요금을 어떻게 계산할까?

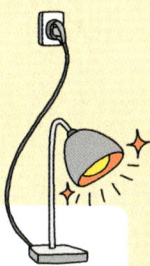

교과연계
초 6-2 전기의 이용 | 중 2 전기와 자기

6교시 | 옴의 법칙

전기 기구에 숨어 있는 법칙은?

전류와 전압은 어떤 관계일까? … 94
전류, 전압, 저항의 삼각관계는? … 98
옴의 법칙이 왜 중요할까? … 102

나선애의 정리노트 … 106
과학퀴즈 달인을 찾아라! … 107

교과연계
초 4-2 **수학** 꺾은선그래프 |
초 6-2 전기의 이용 | 중 2 전기와 자기

가로세로 퀴즈 … 126
교과서 속으로 … 128

찾아보기 … 130
퀴즈 정답 … 131

등장인물

용쓴다 용써!
용선생

- 체력 ★★★
- 지력 ★★★★★
- 감성 ★★★
- 호기심 ★★★★★
- 유머 ★★

열정이 가득한 과학 선생님. 하늘을 향해 거침없이 솟은 머리카락과 삐죽삐죽한 수염이 매력 포인트. 생생한 과학 수업을 하기 위해 물불을 가리지 않는다.

장하다 장해!
장하다

- 체력 ★★★★★
- 지력 ★
- 감성 ★★★★
- 호기심 ★★★★★
- 유머 ★★★★★

'튼튼하게만 자라 다오.'라는 아버지의 소원대로 튼튼하게 자랐다. 성격은 일등, 성적은 비밀이다. 시험을 못 봐도 씩씩하고 엉뚱한 질문으로 수업에 활력을 준다.

오늘도 나선다!
나선애

- 체력 ★★★★
- 지력 ★★★★
- 감성 ★★★
- 호기심 ★★★★★
- 유머 ★★★

과학자를 꿈꾸는 우등생. 공부도 잘하고 아는 게 많아서 모든 일에 앞장서는 타입이다. 겉으로는 차가워 보이지만 내심 따뜻한 면도 가지고 있다. 전혀 티가 안 나서 그렇지.

잘난 척 대장
왕수재

- 체력 ★★★
- 지력 ★★★★
- 감성 ★
- 호기심 ★★★★★
- 유머 ★

세상에서 자기가 제일 잘난 줄 안다. '천재는 외로운 법이고 질투의 대상인 법'이라나. 친구들에게 깐족거리는 데에도 천재적이다. 그래도 수업에는 늘 적극적으로 참여한다.

낭만 가득
허영심

체력 ★★★★★
지력 ★★★
감성 ★★★★★
호기심 ★★★★
유머 ★★

감성이 풍부해도 너무 풍부하다. 떨어지는 낙엽이나 밤하늘의 별을 보며 눈물짓고, 조그만 벌레와 대화를 나누는 사차원 성격. 하지만 누구보다 정이 많고 낭만적이다.

과학반 귀염둥이
곽두기

체력 ★★★
지력 ★★★★
감성 ★★★★
호기심 ★★★★★
유머 ★★★★

형과 누나들의 귀여움을 독차지하는 과학반 막내. 나이도 가장 어리고 타고난 동안이라 언뜻 보면 유치원생 같다. 훈장 할아버지 덕에 어려운 단어를 줄줄 꿰고 있다.

우리를 찾아봐!

원자
물질을 구성하는 기본적인 단위로, 원자핵과 전자로 이루어져 있어.

원자핵
원자를 구성하며 (+)전하를 띠는 입자로, 전자보다 훨씬 무거워.

전자
원자를 구성하며 (-)전하를 띠는 입자로, 전기를 일으키는 핵심 원인이야.

전지
전압을 발생시켜 전류가 흐르게 하는 물체로, (+)극과 (-)극이 있어.

전구
전류가 흐르면 빛을 내는 전기 기구야.

전선
구리 선에 플라스틱이나 고무를 감싸서 만든 것으로, 여러 가지 전기 부품을 연결하는 데 쓰여.

1교시 | 마찰 전기

문지르면 왜 달라붙을까?

꼬마의 머리가 엉망이 됐어!

신기하네. 머리카락이 왜 풍선에 달라붙지?

"뭐야? 풍선이 왜 머리에 붙어? 나도 해 볼래."

장하다가 곽두기의 머리에 붙어 있는 고무 풍선을 보고 얼른 책상 위에 놓여 있는 고무 풍선 하나를 자기 머리에 갖다 대었다.

"어? 난 그냥 떨어지는데?"

그러자 왕수재가 말했다.

"그렇게 하면 안 붙어. 풍선을 머리에 문지른 다음에 붙여야지!"

"왜 문질러야만 붙어?"

 **서로 다른 물체를 문지르면 달라붙는다고?**

왕수재가 대답을 못하고 머뭇거리는 사이 용선생이 과

학실 문을 열고 들어섰다

"선생님, 풍선을 머리에 문지르면 풍선이 그대로 붙어 있는데, 문지르지 않고 갖다 대면 그냥 떨어져요. 왜 그런 거예요?"

"오! 아주 오래전에도 그 이유를 궁금해 하던 사람이 있었는데!"

"정말요? 누가 언제요?"

"기원전 600년쯤 고대 그리스에 살던 탈레스라는 과학자야. 탈레스는 호박을 헝겊으로 문지르면 종잇조각이나 먼지가 달라붙는다는 사실을 발견했어. 그때가 우리나라로 치면 고조선 때지. 정말 오래전이지?"

"정말 그렇네요. 그런데 호박이요? 먹는 호박?"

"아니, 지금 말하는 호박은 보석의 한 종류야."

"그럼 탈레스가 왜 그런지 알아낸 거예요?"

"아니. 그로부터 약 2,000년이 지난 뒤에야 호박뿐 아니라 다른 물체에서도 똑같은 현상이 나타난다는 사실이 밝혀졌어. 서로 다른 물체를 마찰하면 달라붙는 까닭은 바로 두 물체에 전기가 생기기 때문이야! 우리가 전기에 대해 제대로 알게 된 시기는 불과 200년 전부터란다."

곽두기의 낱말 사전

기원전 해 기(紀) 처음 원(元) 앞 전(前). 예수가 태어난 해를 기준으로 그 이전의 시기를 말해.

▲ 호박으로 만든 장신구

▶ **호박** 소나무 줄기나 잎에서 나오는 끈적끈적한 액체인 송진이 땅속에서 오랫동안 굳어 생긴 거야. 가공해서 장식물이나 장신구로 써.

"형광등이나 텔레비전을 켤 때 사용하는 게 전기잖아요. 풍선이나 호박에도 그런 전기가 있다는 건가요?"

"맞아! 종류는 다르지만 같은 전기란다. 전기 중에서 마찰에 의해 생기는 전기를 '마찰 전기'라고 해. 예를 들어 머리를 빗거나 모자를 벗을 때 머리카락이 빗이나 모자에 딸려 올라가는 경우가 있지? 이건 빗과 머리카락 사이에 마찰 전기가 생겨서 그런 거야."

"강아지 털을 빗으로 빗겨 줄 때에도 털이 빗에 딸려 올라가던데, 그것도 마찰 전기 때문이에요?"

"맞아!"

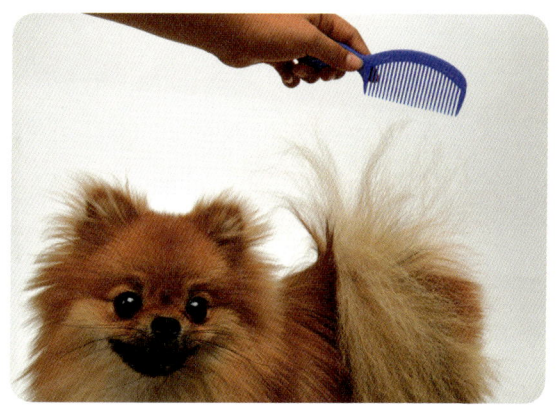

▲ 강아지 털에 생긴 마찰 전기

서로 다른 물체를 마찰하면 마찰 전기가 생겨 서로 달라붙어.

전기를 일으키는 것은?

"근데 전기가 생기면 왜 물체끼리 달라붙는 거예요?"

"그건 전하 때문이야."

"전하가 뭔데요?"

"전하는 물질의 성질 중 하나로, 전기 현상을 일으키는 원인이야. 전하가 있어서 전등불이나 텔레비전이 켜질 수 있지. 전하에는 (+)전하와 (−)전하, 두 종류가 있어."

"더하기 전하와 빼기 전하요?"

장하다가 어리둥절한 표정으로 물었다.

"여기서 (+)와 (−)는 더하거나 뺀다는 뜻이 아니라 두 전하가 서로 반대의 성질을 갖는다는 뜻이야. (+)전하를 양전하, (−)전하를 음전하라고 부르지. 물체가 전하를 가지는 것을 전하를 띤다고 표현해."

용선생이 칠판에 그림을 그리며 말했다.

나선애의 과학 사전

물질 물건 물(物) 바탕 질(質). 물질은 물체를 이루는 재료야. 예를 들어 풍선이라는 물체는 고무라는 물질로 되어 있어.

용선생의 과학 현미경

두 종류의 전하에 (+)와 (−)라는 기호를 붙인 사람은 미국의 과학자이자 정치가인 벤저민 프랭클린(1706년~1790년)이야.

"전하를 띤 물체 사이에는 힘이 작용해. 다른 종류의 전하를 띤 물체 사이에는 서로 끌어당기는 힘이 작용하고, 같은 종류의 전하를 띤 물체 사이에는 서로 밀어내는 힘이 작용하지."

"아하, 자석이 같은 극끼리는 서로 밀어내고 다른 극끼리는 서로 끌어당기는 것과 비슷하네요!"

"맞아! 자석의 N극과 S극의 관계랑 비슷해."

핵심정리

전하에는 (+)전하와 (−)전하, 두 종류가 있어. 다른 종류의 전하를 띤 물체는 서로 끌어당기고, 같은 종류의 전하를 띤 물체는 서로 밀어내.

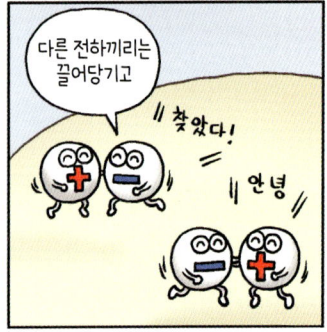

평소에는 왜 달라붙지 않지?

나선애가 손을 들고 물었다.

"그런데 왜 풍선을 머리카락에 문질러야만 달라붙어요? 문질러야 전하가 생겨요?"

"하하, 평소에는 물체가 전하를 띠지 않아. 풍선도 마찬가지야. 왜 그런지 차근차근 설명해 줄게. 먼저 모든 물체

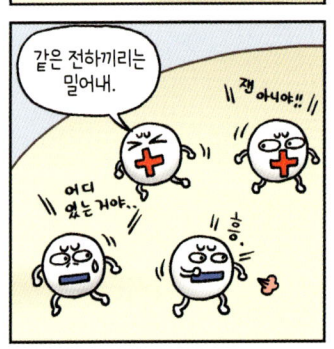

는 원자라는 입자로 이루어져 있어. 입자는 아주 작은 알갱이를 말해. 원자는 물체를 이루는 기본적인 단위이지. 원자는 원자핵과 전자로 이루어져 있는데, 원자핵은 (+)전하를, 전자는 (-)전하를 띠어."

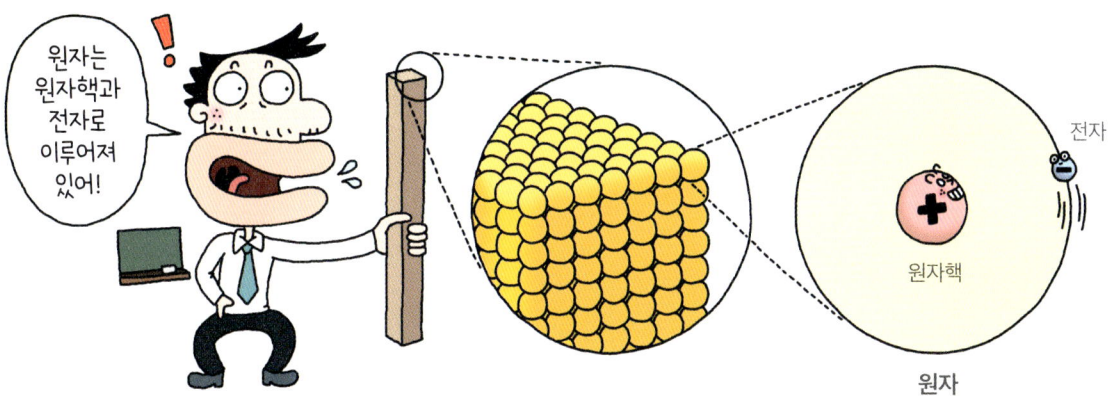

곽두기가 고개를 갸우뚱하며 말했다.

"그럼 풍선도 원자로 이루어져 있나요?"

"그렇지."

"그럼 풍선의 원자에도 (+)전하와 (-)전하가 둘 다 있을 텐데 왜 처음부터 전하를 띠지 않죠?"

"평소에는 원자에 있는 (+)전하와 (-)전하의 양이 같아서 그래. 그러면 원자는 어느 한쪽의 전하도 띠지 않거든. 이처럼 (+)도 아니고 (-)도 아닌 상태를 전기적으로

중성이라고 해. 풍선과 머리카락뿐만 아니라 모든 물체는 마찰하기 전에는 전기적으로 중성이야."

마찰하지 않은 물체는 (+)전하와 (-)전하의 양이 같아서 전기적으로 중성이야.

 마찰하면 무슨 일이 일어나는 거지?

"그러면 마찰을 하면 전하가 생겨요?"

용선생이 고무풍선을 옷에 문지르며 대답했다.

"맞아. 마찰을 하면 전기적으로 중성이었던 물체가 (+)전하나 (-)전하를 띠게 돼."

"왜요? 뭐가 달라지나요?"

"전자가 한 물체에서 다른 물체로 이동하거든. 그래서 (+)전하와 (-)전하의 양이 서로 달라지지."

"전자가요? 왜 원자핵이 아니라 전자가 이동해요?"

"전자는 가볍고 원자핵은 무겁거든. 원자핵은 전자보다 훨씬 무거워서 잘 움직이지 않지. 그래서 풍선으로 머리카락을 문지르면 전자가 머리카락에서 풍선으로 옮겨 가는 거야. 전기적으로 중성이던 풍선이 전자를 얻으면 어떻게 될까?"

나선애가 번쩍 손을 들며 답했다.

"전자를 얻어서 (-)전하의 양이 늘어났으니까 (-)전하를 띠어요."

"맞아. 풍선은 전체적으로 (-)전하를 띠게 되지. 그럼 머리카락은 어떻게 될까?"

용선생의 질문에 이번엔 왕수재가 답했다.

"머리카락은 반대로 전자를 잃어서 (-)전하의 양이 줄어들었으니까 전체적으로 (+)전하를 띠어요."

마찰하면 원자핵이 아닌 전자가 이동해.

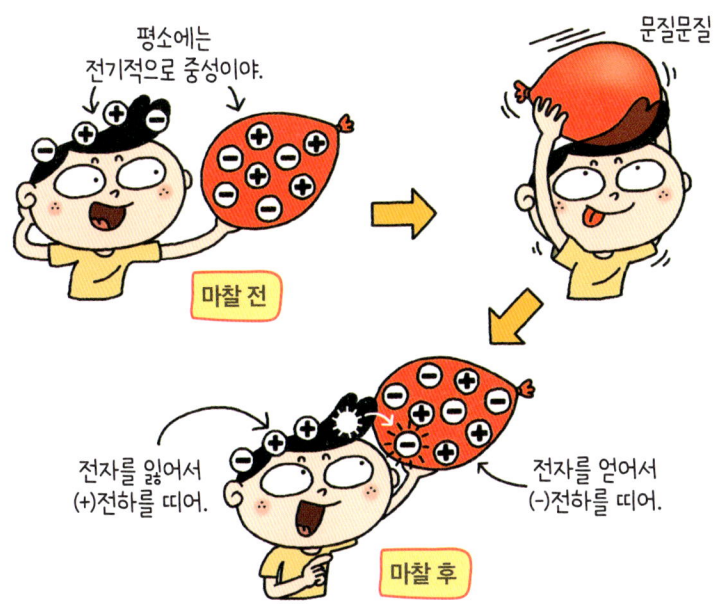

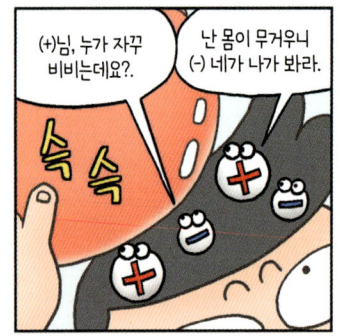
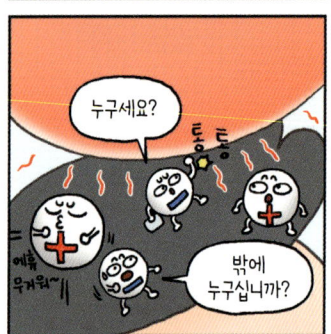
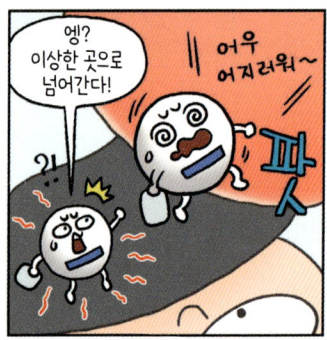
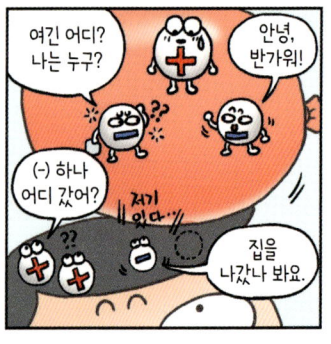

"그래, 맞아. 서로 다른 두 물체를 마찰하면 전자가 한 물체에서 다른 물체로 이동해. 이때 전자를 얻은 물체는 (−)전하를, 전자를 잃은 물체는 (+)전하를 띠지."

용선생의 설명에 나선애가 뭔가 생각난 듯 물었다.

"그럼 서로 다른 두 물체를 마찰하면 두 물체는 항상 반대 전하를 띠나요? 하나는 전자를 잃고 다른 하나는 전자를 얻으니까요."

"그렇지. 마찰한 물체들은 항상 서로 반대 전하를 띠게 돼. 그래서 끌어당기는 힘이 생겨 달라붙는 거야."

> 서로 다른 물체를 마찰하면 전자가 한 물체에서 다른 물체로 이동해. 전자를 잃은 물체는 (+)전하를, 전자를 얻은 물체는 (−)전하를 띠어.

 전자는 어디서 어디로 이동할까?

"선생님, 그런데 왜 전자가 머리카락에서 풍선으로 이동해요? 풍선에서 머리카락으로 이동할 순 없나요?"

허영심의 질문에 다른 아이들도 고개를 끄덕였다.

"아주 좋은 질문이야! 고무풍선과 머리카락을 문지르면 전자는 항상 머리카락에서 고무풍선으로 이동해. 하지만 머리카락 말고 다른 물체와 고무풍선을 문지르면 달라질 수 있어. 어느 물체와 어느 물체를 마찰하느냐에 따라 전자가 이동하는 쪽이 달라지거든."

"그게 무슨 말이에요?"

"그러니까 마찰하는 물체에 따라 전자를 얻는 쪽과 잃는 쪽이 달라진다는 말이지. 만약에 고무풍선을 머리카락

▼ 고무풍선을 머리카락과 마찰할 때

▼ 고무풍선을 플라스틱 자와 마찰할 때

대신 플라스틱 자와 마찰하면 전자가 고무풍선에서 플라스틱 자로 이동해. 이때 고무풍선은 머리카락과 마찰할 때처럼 전자를 얻어서 (-)전하를 띠는 게 아니라, 플라스틱 자에 전자를 내주어서 (+)전하를 띠게 되지."

"왜 그렇게 달라지는 거예요?"

"물체마다 전자를 얻거나 잃기 쉬운 정도가 달라서 그래. 고무풍선과 머리카락 중에는 머리카락이 전자를 잃기 쉽고, 고무풍선과 플라스틱 자 중에는 고무풍선이 전자를 잃기 쉽거든."

"전자를 더 좋아하고 덜 좋아하는 물질이 있는 셈이네요? 신기해요!"

"그럼 같은 풍선 두 개를 서로 마찰하면 어떻게 돼요?"

곽두기의 질문에 용선생이 놀라며 대답했다.

"그것 참 훌륭한 질문인데? 어렵지 않아. 같은 물체끼리

는 전자를 잃거나 얻기 쉬운 정도가 같겠지?"

"그렇겠죠."

"풍선 두 개를 마찰하면 서로 주고받는 전자의 양이 같기 때문에 둘 다 전기적으로 중성 상태를 유지하게 돼. 즉, 같은 물체를 마찰할 때에는 마찰 전기가 생기지 않는다는 말이지."

"오호! 그러니까 마찰 전기는 서로 다른 물체를 마찰할 때에만 생기는 거네요?"

"그렇지!"

"전기는 아주 복잡한 거라고 생각했는데 서로 다른 물체를 문지르기만 하면 전기가 생긴다니, 진짜 신기해요!"

허영심이 진지한 표정으로 말하자 용선생이 빙긋 웃으며 답했다.

"과학을 공부하다 보면 더 신기한 일을 얼마든지 볼 수 있을 거야!"

핵심정리

전자가 이동하는 방향은 어느 물체끼리 마찰하느냐에 따라 달라져. 같은 물체끼리 마찰하면 마찰 전기가 생기지 않아.

나선애의 정리노트

1. 마찰 전기
① 서로 다른 두 물체를 ⓐ☐ 할 때 한 물체에서 다른 물체로 ⓑ☐ 가 이동하여 발생하는 전기
② 전기적으로 중성이던 물체가 마찰 후 전자를 잃으면 ⓒ☐ 전하를, 전자를 얻으면 ⓓ☐ 전하를 띠게 됨.
③ 마찰한 서로 다른 두 물체 사이에는 끌어당기는 힘이 작용함.
④ 어느 물체와 마찰하느냐에 따라 각각의 물체가 띠게 되는 전하의 종류가 달라짐.

2. 전하를 띤 물체 사이에 작용하는 힘
① 같은 종류의 전하를 띤 물체는 서로 밀어냄.
② 다른 종류의 전하를 띤 물체는 서로 끌어당김.

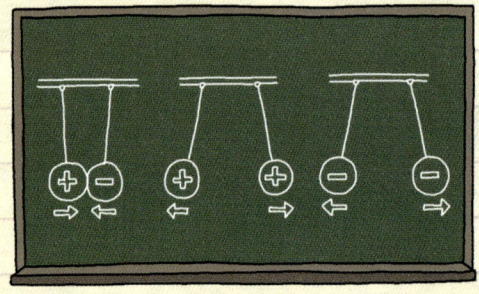

ⓐ 마찰 ⓑ 전자 ⓒ (+) ⓓ (−)

 # 과학퀴즈 달인을 찾아라!

●정답은 131쪽에

01

친구들이 이번 시간에 배운 내용에 대해 이야기하고 있어. 옳으면 O, 옳지 않으면 X를 표시해 줘.

① 마찰하면 한 물체에서 다른 물체로 원자핵이 이동해. (   )

② 마찰 후 두 물체는 서로 반대 전하를 띠어. (   )

③ 마찰하면 둘 다 전자를 잃어. (   )

02

장하다가 책을 빌리러 도서관에 가려는데 장애물이 많아. 장하다가 들고 있는 고무공은 (+)전하를 띠는데, 갈림길에서 이 고무공이 끌리는 곳으로 가면 도서관을 쉽게 찾을 수 있대. 어떻게 가야 하는지 지도에 표시해 줘.

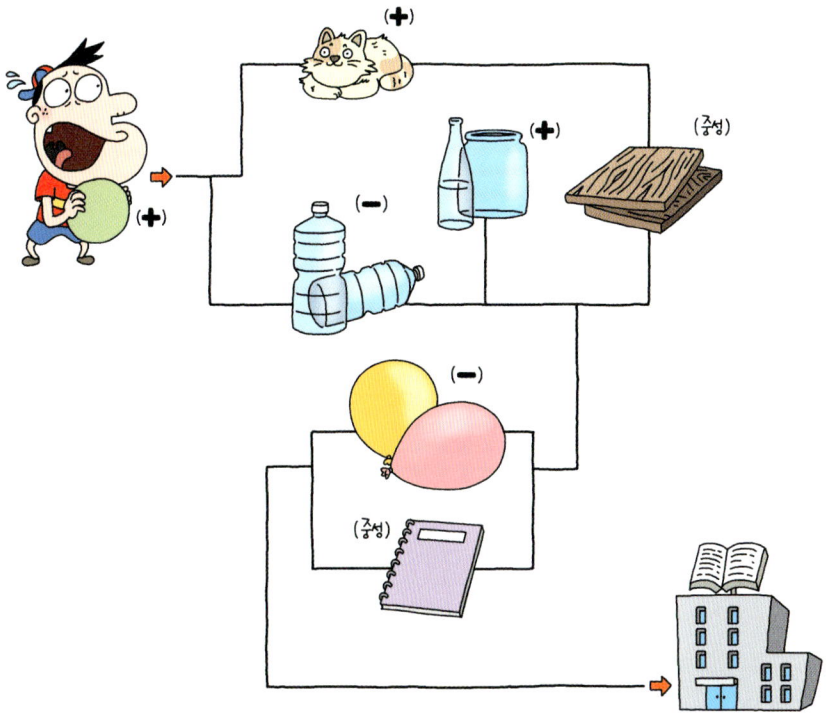

2교시 | 정전기 유도

깡통이 왜 끌려올까?

우아! 신기한 깡통 마술이다.

교과연계

초 **6-2** 전기의 이용
중 **2** 전기와 자기

손도 안 댔는데 왜 깡통이 막대에 끌려오지?

깡통이 끌려오는 까닭을 알아볼까?

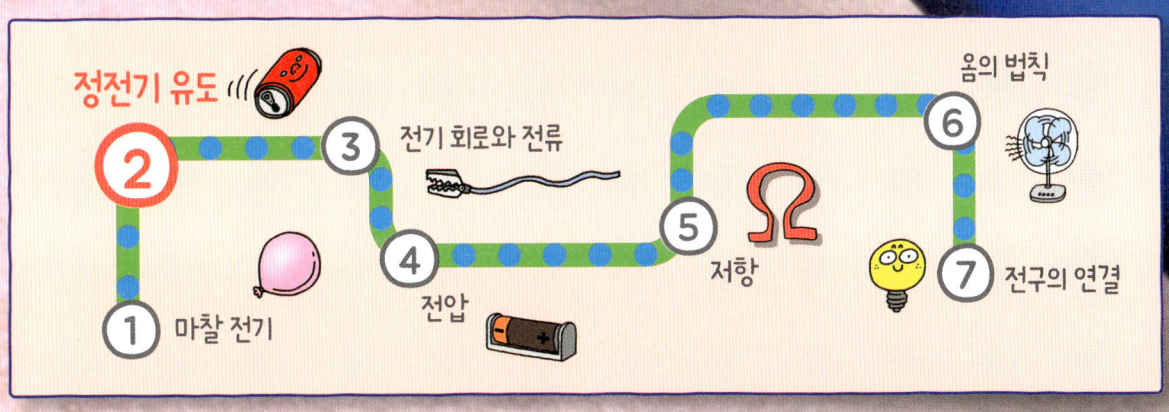

"얘들아! 선생님이 마술을 보여 주신대!"

"오, 재밌겠다! 무슨 마술이에요?"

"손을 대지 않고 깡통을 움직이는 마술이지!"

용선생이 교탁 밑에서 잠시 손을 움직이더니 플라스틱 막대를 꺼내 알루미늄 깡통에 가까이 가져갔다. 그러자 깡통이 막대에 끌려왔다.

"어? 둘 사이에 아무것도 없는데 어떻게 깡통이 끌려오지?"

 **깡통이 막대에 끌려오는 까닭은?**

왕수재의 물음에 용선생이 교탁 밑에서 털가죽을 꺼내 흔들었다. 그러자 왕수재가 손뼉을 탁 쳤다.

"아하! 아까 교탁 밑에서 털가죽으로 막대를 문지른 거 아니에요? 그래서 막대에 마찰 전기가 생긴 거 맞죠?"

"맞아! 눈치 한번 빠르구나!"

"그럼 깡통은요? 깡통은 계속 교탁 위에 있었잖아요. 문지르지도 않았는데 어떻게 마찰 전기가 생겨요?"

"마찰을 하지 않고도 전기를 일으키는 방법이 있지."

"어떤 방법이요?"

"지난번에 모든 물체는 (-)전하를 띤 전자를 가지고 있다고 했지? 전자는 평소에 물체 전체에 골고루 퍼져 있어. 그런데 (-)전하를 띤 막대가 가까이 다가오면 막대와 깡통에 있는 전자들 사이에 어떤 힘이 작용할까?"

"둘 다 (-)이니까 서로 밀어내는 힘이요."

▲ 털가죽

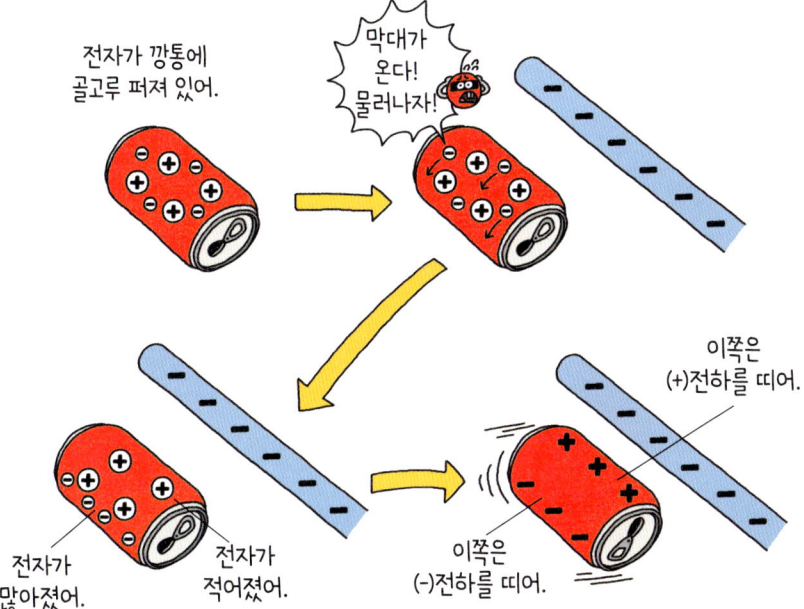

"그렇지! 그럼 깡통에서 막대와 가까운 쪽은 어떤 전하를 띠게 될까?"

"음……. 전자가 떠났으니까 (+)전하요."

"그렇지! 반대로 먼 쪽은 전자가 몰려서 (-)전하를 띠게 돼. 깡통이 전하를 띠게 되면 깡통의 (+)전하가 막대의 (-)전하에 끌리니까 깡통 전체가 막대에 끌려오는 거야."

한참을 고민하던 나선애가 손을 들었다.

"그런데 깡통에 (-)전하도 있잖아요. 그건 아무 역할도 안 하나요?"

용선생이 놀라며 말했다.

"오, 아주 예리한 질문이야! 깡통에 있는 (-)전하와 막대의 (-)전하 사이에는 서로 밀어내는 힘이 작용해. 그런데 전하를 띤 두 물체 사이의 거리가 가까울수록 힘이 더 세거든."

"거리가 멀면 힘이 약하고요?"

"그렇지. 끌어당기는 힘은 가까운 거리에서 작용하고 밀어내는 힘은 먼 거리에서 작용하니까……."

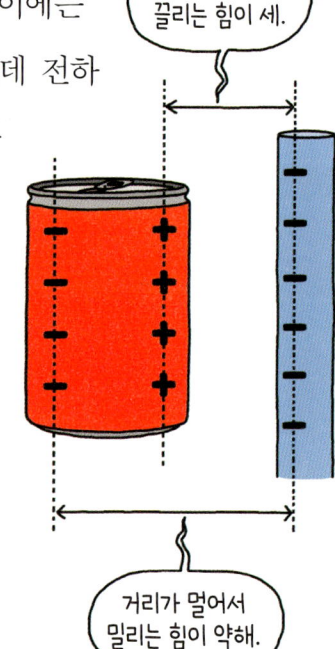

"아하! 그럼 끌어당기는 힘이 밀어내는 힘보다 더 크군요? 그래서 깡통이 막대에 끌려오는 거고요?"

"그렇지!"

핵심정리

(−)전하를 띤 막대를 알루미늄 깡통에 가까이 하면 깡통에서 막대와 가까운 쪽에 (+)전하가 생겨 깡통이 막대에 끌려와.

깡통은 막대에만 끌릴까?

곽두기가 손을 들고 물었다.

"혹시 플라스틱 막대 말고 다른 물체로도 깡통을 움직일 수 있어요?"

"하하, 글쎄? 그럼 이번에는 털가죽과 플라스틱 막대를 문지른 뒤 털가죽을 깡통에 가까이 가져가 볼까? 어떤 일이 일어날 것 같아?"

"털가죽은 막대와 반대 전하를 띠니까 이번에는 깡통이 밀려날 것 같은데요."

"글쎄……. 난 왠지 이번에도 깡통이

끌려올 것 같은데……."

아이들이 제각기 한마디씩 하며 용선생 주위로 몰려들었다. 용선생이 털가죽을 막대에 문지른 뒤 깡통 가까이 가져가자 깡통이 털가죽 쪽으로 끌려왔다.

"어라? 이번에도 깡통이 끌려오네요?"

"막대를 가까이 할 때와 같은 원리야. 막대와 털가죽을 마찰하면 털가죽이 (+)전하를 띠어. 그럼 깡통에 있는 전자가 털가죽에 끌려 털가죽과 가까운 쪽으로 움직이지."

"그럼 깡통에서 털가죽과 가까운 쪽은 (-)전하를 띠겠네요."

"맞아. 그래서 깡통이 털가죽 쪽으로 끌려오는 거야."

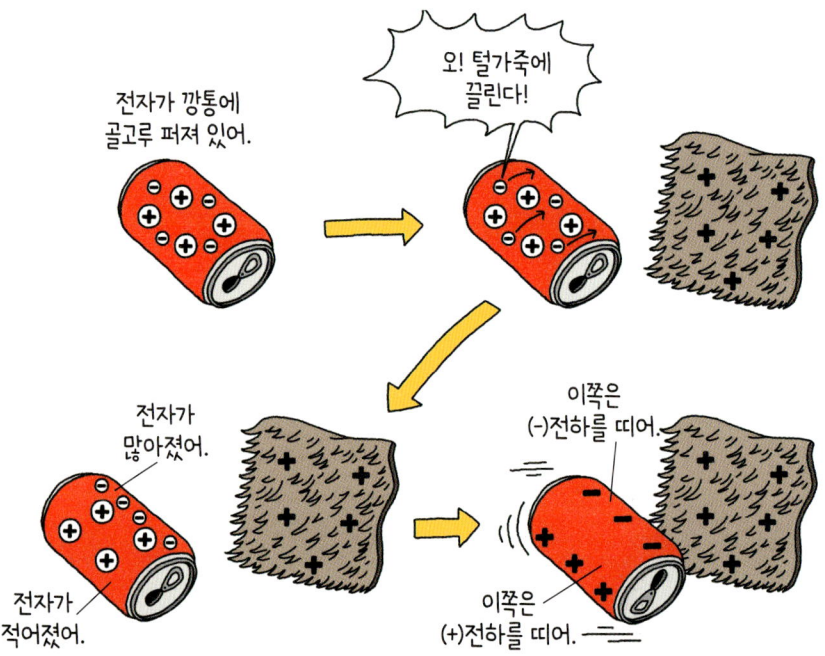

"(-)전하를 띤 막대를 가까이 할 때도, (+)전하를 띤 털가죽을 가까이 할 때도 항상 깡통이 끌려오네요."

"그렇지! 여기서 똑똑한 말을 하나 배워 볼까? 물체가 전자를 잃거나 얻어서 (+) 또는 (-)전하를 띠게 되는 현상을 '대전'이라고 해. 그리고 대전된 물체를 '대전체'라고 해. 털가죽이나 플라스틱 막대는 마찰 후 대전체가 되는 거지."

대전체!

"대전되면 대전체가 된다고 기억하면 되겠네요."

"하하, 그래. 깡통처럼 전기적으로 중성인 물체에 대전체를 가까이 가져가면, 깡통에서 대전체와 가까운 쪽에는 항상 대전체와 반대되는 종류의 전하가 생기고, 먼 쪽에는 대전체와 같은 종류의 전하가 생긴단다."

"가까운 쪽이 반대 전하를 띠니까 깡통이 항상 대전체에 끌리는 거군요?"

"그렇지. 이렇게 전기적으로 중성이었던 물체에 대전체를 가까이 가져갔을 때 전하가 유도되는 현상을 정전기 유도라고 해. '정전기'는 고요할 정(靜) 자를 써서, 흐르지 않고 한곳에 머물러 있는 전기를 말하지. 또 '유도'는 어떤 일이 일어나도록 이끄는 것을 말해. 즉, 정전기 유도는 정전기가 일어나게 한다는 뜻이야."

"고요한 전기라니, 알고 보니 말뜻이 참 아름답네요."

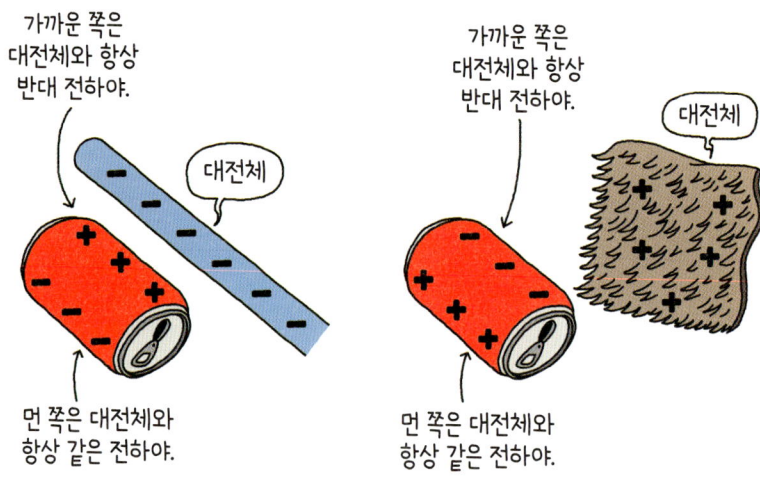

핵심정리

전하를 띠지 않은 물체에 대전체를 가까이 가져갔을 때 전하가 유도되는 현상을 정전기 유도라고 해. 이때 대전체와 가까운 쪽에는 대전체와 반대 종류의 전하가, 먼 쪽에는 같은 종류의 전하가 유도돼.

정전기가 유도되는 까닭은?

갑자기 중요한 것이 생각난 듯 나선애가 손을 번쩍 들고 물었다.

"근데 깡통 말고 다른 물체에도 정전기 유도가 생길 수 있나요?"

"있지! 정전기 유도는 알루미늄, 구리, 금, 은과 같은 금속에서 잘 일어나. 이 깡통도 알루미늄으로 만들어진 금속이란다."

"왜 금속에서 정전기 유도가 잘 일어나는데요?"

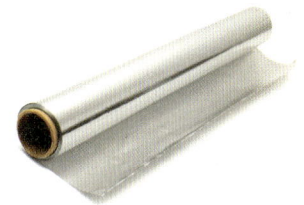
▲ 알루미늄으로 된 포일

"바로 금속에 있는 '자유 전자' 때문이지."

"자유 전자요? 그냥 전자 말고 자유 전자가 따로 있어요?"

"맞아. 전자는 다른 물체와 마찰하기 전에는 원자핵에 묶여 있기 때문에 자유롭게 이동할 수 없어. 그런데 금속에는 마찰하지 않은 상태에서도 원자들 사이를 자유롭게 움직일 수 있는 자유 전자도 있지."

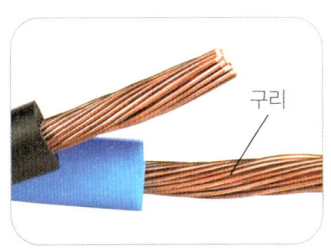
▲ 구리로 된 전선

"그럼 금속에 있는 자유 전자가 움직여서 정전기 유도가 생기는 거예요?"

"그렇지! 자유 전자는 원래 금속 안에 골고루 퍼져 있어.

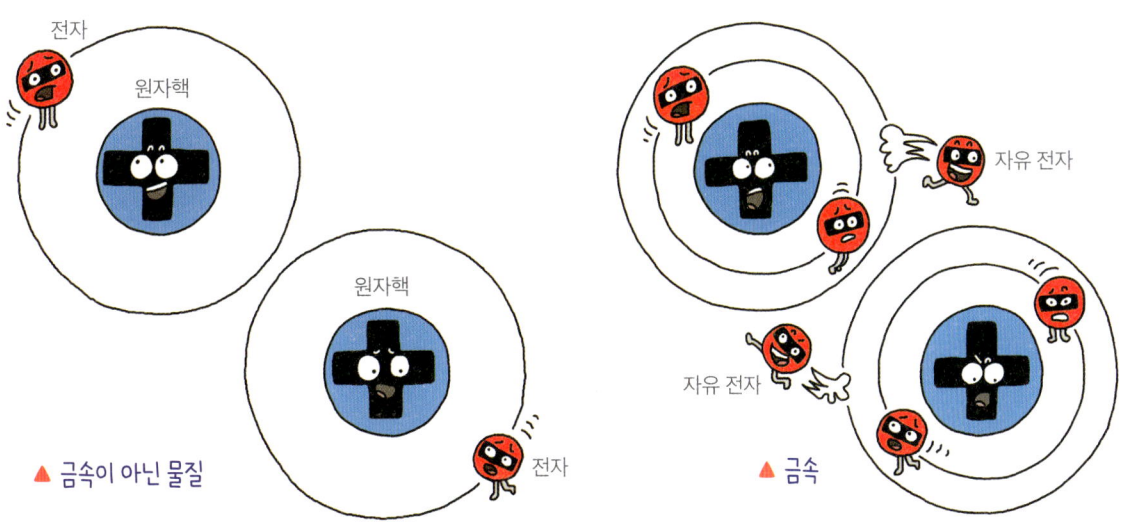
▲ 금속이 아닌 물질 　　　　　　▲ 금속

그런데 대전체를 가까이 하면 자유 전자가 금속 한쪽 부분으로 몰리면서 정전기 유도가 일어나."

"평소에는 왜 자유 전자가 골고루 퍼져 있어요?"

"전자는 모두 (-)전하를 띠니까 전자끼리 서로 밀어내는 힘이 작용해서 그래. 같은 전하를 띠다 보니 자유 전자들은 한곳에 모여 있지 않고 되도록 서로 멀리 떨어져 있으려고 하거든. 그러다 보니 물체 전체에 고르게 퍼지게 되는 거야."

"그러다 대전체가 가까이 오면 한쪽으로 몰리고요?"

"그렇지."

"그럼 막대나 털가죽을 치우면 깡통 안에 있는 자유 전자는 밀어내는 힘 때문에 다시 골고루 퍼지겠네요?"

"그렇지! 그러니까 정전기 유도는 막대나 털가죽과 같은 대전체가 가까이 있을 때에만 나타나는 현상이야."

 **핵심정리**

금속에 대전체를 가까이 하면 자유 전자가 이동하여 정전기 유도가 생겨. 대전체를 멀리 하면 자유 전자가 금속 안에 다시 골고루 퍼지기 때문에 정전기 유도 현상이 사라져.

금속이 아니어도 정전기가 유도될까?

"이번에는 금속이 아닌 물체에도 정전기 유도가 일어나는지 알아볼까?"

"어떻게 알아봐요?"

"내가 준비한 게 있지!"

용선생이 풍선을 털가죽으로 문지른 뒤 잘게 자른 종잇조각에 가까이 가져갔다.

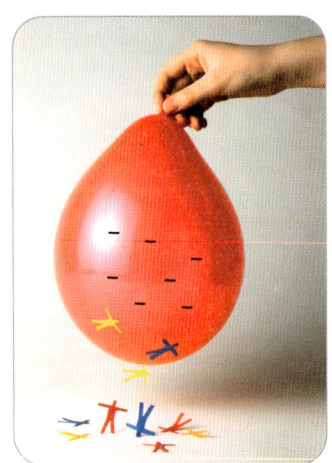

▲ 풍선에 달라붙은 종잇조각

"우아! 종잇조각이 풍선에 착착착 달라붙어요!"

"그럼 종이에도 정전기 유도가 일어난 거예요?"

"이상하다. 종이는 금속이 아니니까 자유 전자가 없잖아요. 그런데 왜 달라붙죠?"

장하다와 나선애가 동시에 물었다.

"그 말이 맞아. 종이에 있는 전자는 다른 물체와 마찰하지 않는 이상 자유 전자처럼 원자핵을 완전히 벗어나 자유롭게 돌아다닐 수 없어. 다만 원자 안에서 조금은 움직일 수 있지. 눈에 보이지도 않을 만큼 짧은 거리이긴 하지만 말이야."

"종이에 있는 전자들은 참 심심하겠어요."

"하하! 아무튼 (-)로 대전된 풍선을 종이에 가까이 가져가면 종이에 있는 전자가 원자 안에서 풍선과 먼 방향으

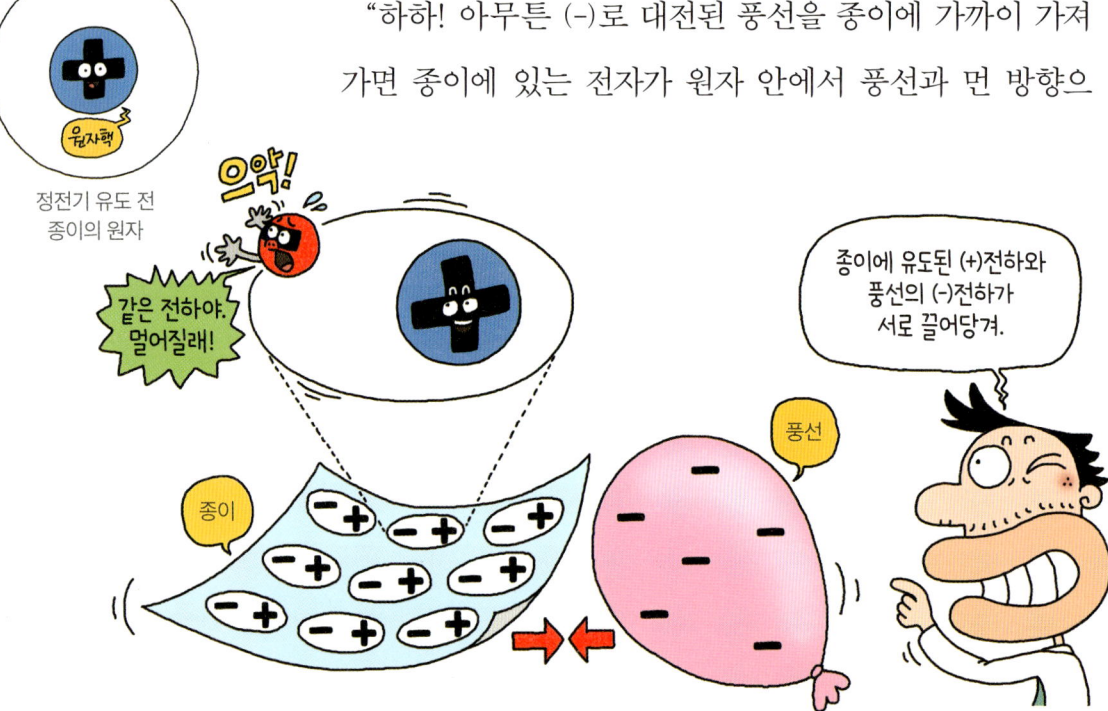

로 움직여. 그래서 종이도 전하를 띨 수 있는 거야!"

"그럼 풍선과 가까운 쪽은 (+)전하를 띠겠네요?"

"그렇지. 그렇게 해서 풍선이 종잇조각을 끌어당기게 되는 거야."

"그럼 털가죽도 종잇조각을 끌어당길 수 있어요?"

"그럼. 이 경우에는 털가죽이 (+)전하를 띠니까 종잇조각의 전자가 원자 안에서 털가죽과 가까운 쪽으로 움직여. 그럼 종이에서 털가죽과 가까운 쪽은 (-)전하를 띠게 되니까 이번에도 종잇조각이 털가죽에 끌려와."

"종이 말고 다른 물체에도 정전기 유도가 일어날 수 있어요?"

"물론이지!"

용선생은 풍선을 머리카락에 문지르더니 풍선을 벽에

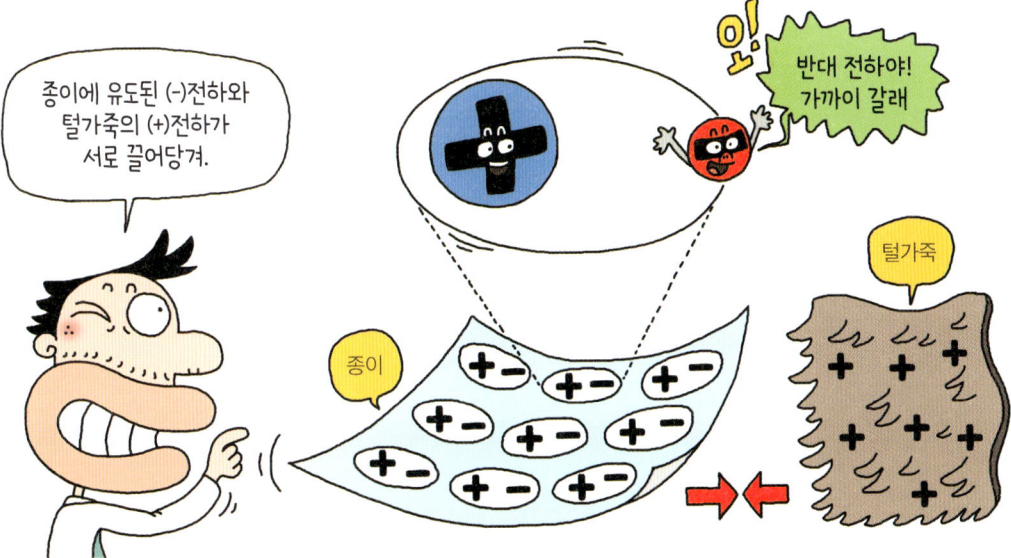

▲ 정전기 유도에 의해 벽에 달라붙은 풍선

갖다 대었다.

"오, 풍선이 벽에 붙었어!"

"우아! 이번에도 정전기 유도가 생긴 거예요?"

"맞아. 풍선을 머리카락에 문지르면 풍선은 (−)전하를 띠게 돼. 풍선을 벽에 가까이 하면 벽에서 풍선과 가까운 쪽은 (+)전하를 띠게 되지."

"오호, 그럼 풍선과 벽 사이에 서로 끌어당기는 힘이 작용해서 풍선이 벽에 붙은 거군요."

"그렇지!"

물줄기가 우아한 곡선을 그리며 휘었어!

▲ 정전기 유도에 의해 휘는 물줄기

"다른 것도 되는지 해 봐야겠어요!"

용선생이 이번에는 수돗물을 틀고 (-)로 대전된 풍선을 흐르는 물줄기에 가까이 가져가자 물줄기가 풍선 쪽으로 휘었다.

"물에도 정전기가 유도된단다."

"우아! 물에도 되네요? 진짜 신기하다!"

"나도 해 봐야지!"

저마다 물체를 하나씩 집어 들고 여기저기에 문지르는 아이들을 용선생이 흐뭇하게 지켜봤다.

핵심정리

자유 전자가 없어도 대전체를 가까이 하면 전자가 원자 안에서 움직여 정전기 유도가 일어날 수 있어.

나선애의 정리노트

1. 자유 전자
① ⓐ[　　　]에 묶여 있지 않고 **자유로이 이동**할 수 있는 전자
② 알루미늄이나 구리와 같은 ⓑ[　　　]에 있음.

2. 정전기 유도
① 전하를 띠지 않은 물체에 전하를 띤 물체(ⓒ[　　　])를 가까이 할 때 전하가 유도되는 현상
② 금속의 경우 ⓓ[　　　]가 이동하여 생김.
③ 금속이 아닌 경우 전자가 원자 안에서 조금 움직여 생김.
④ 대전체와 **가까운 쪽**에는 대전체와 **반대 종류의 전하**가, **먼 쪽**에는 **같은 종류의 전하**가 유도됨.

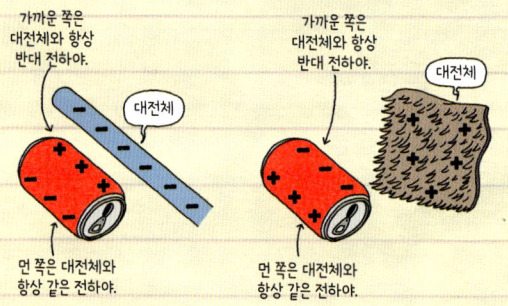

⑤ 전하가 유도된 물체와 대전체 사이에는 **끌어당기는 힘**이 작용함.
⑥ 대전체를 멀리하면 정전기 유도 현상이 사라짐.

ⓐ 원자핵 ⓑ 금속 ⓒ 대전체 ⓓ 자유 전자

과학퀴즈 달인을 찾아라!

● 정답은 131쪽에

01

친구들이 이번 시간에 배운 내용에 대해 이야기하고 있어. 옳으면 O, 옳지 않으면 X를 표시해 줘.

① 전기적으로 중성인 물체에 대전체를 가까이 하면 물체 안에서 전자가 움직여. (   )

② 정전기가 유도될 때 대전체와 가까운 쪽에는 항상 대전체와 같은 종류의 전하가 생겨. (   )

③ 정전기가 유도된 물체와 대전체 사이에는 서로 끌어당기는 힘이 생겨. (   )

02

다음 보기의 문장 속 괄호에 들어갈 말을 순서대로 이으면 어떤 모양이 나올 거야. 그게 무슨 모양인지 그려 봐.

(+)전하를 띤 털가죽을 알루미늄 막대에 가까이 하면 막대에 있는 (   )가 이동해. 그래서 털가죽과 가까운 쪽은 (   )전하를, 먼 쪽은 (   )전하를 띠게 돼. 이런 현상을 (   )라고 해.

- 출발/도착
- (+)
- (−)
- 자유 전자
- 정전기 유도

| 용선생의 과학 카페 | 용선생의 한국사 카페 | 용선생의 세계사 카페 | |

https://cafe.naver.com/yongyong

용선생의 과학 카페

과학계의 핵인싸,
용선생의 과학 카페에
오신 걸 환영합니다.

Log in

오늘은 어떤 재미난 지식을 올려 볼까?

MENU

물리면 아프다
화학이 화하하
생물 오징어
지구는 둥글다

정전기를 이용해 자동차를 멋지게 칠하는 법

정전기를 이용해 자동차에 페인트칠을 쉽게 할 수 있다는 사실을 아니? 원리는 아주 간단해. 전하를 띤 물체 사이에 작용하는 두 가지 힘, 바로 끌어당기는 힘과 밀어내는 힘을 이용하는 거야.

먼저 페인트칠을 하려는 차와 페인트 입자가 서로 반대 전하를 띠게 해. 페인트 입자가 (+)전하를 띠게 했다면 차는 (−)전하를 띠게 하는 거지. 그런 뒤 페인트 입자를 차에 취이이익 뿌리는 거야! 그러면 페인트 입자와 차 사이에는 서로 끌어당기는 힘이 작용해서 페인트가 차에 착 달라붙어. 한편 페인트 입자끼리는 서로 밀어내는 힘이 작용해서 서로 뭉치지 않고 골고루 색이 칠해지게 되지.

차가 (−)전하를 띠게 한 뒤

(+)전하를 띤 페인트 입자를 차에 뿌려.

COMMENTS

 얼룩무늬도 저런 방법으로 칠할 수 있나요?
   그냥 니가 직접 칠해.
   내 자전거도 저렇게 칠하고 싶다.

정전기를 이용해 범인을 잡는 법

정전기 유도의 원리를 이용하면 범죄 현장에 찍힌 범인의 발자국에서 범인에 대한 실마리를 찾아낼 수도 있어. 이 방법은 주로 깨끗하고 마른 바닥에 발자국이 찍힌 상황에서 효과를 발휘해. 그래야 흔적이 잘 나타나거든. 그럼 방법을 알려 줄게.

먼저 범인이 밟고 지나간 바닥에 특수 필름을 올려놔. 그런 뒤 필름이 전하를 띠게 만들면 범인의 신발에서 떨어진 물질이 정전기 유도에 의해 필름에 달라붙어. 이 물질을 연구실로 가져와 분석하면 범인에 대한 실마리를 얻을 수 있지!

- 장하다의 오답을 피하는 방법
- 나선애의 야무진 실험실
- 왕수재의 아는 척 과학교실
- 허영심의 별 헤는 밤
- 곽두기의 빅뱅 따라잡기

COMMENTS

- 이것이 과학 수사다.
  - 저 필름이 플라스틱으로 만들어졌다는 걸 아는 사람은 보나 마나 나뿐이겠지.
  - 역시 왕재수!

필름을 바닥에 올려놓고 전하를 띠게 해.

신발에서 떨어진 이물질에 전하가 유도돼 필름에 붙어.

이걸 분석해 범인을 잡아.

3교시 | 전기 회로와 전류

플러그를 왜 꽂을까?

텔레비전이 안 켜지네!

플러그를 꽂지 않은 것 같은데?

"어? 이거 왜 안 켜지지?"

장하다가 고개를 갸우뚱하며 텔레비전 전원 버튼을 계속 눌러 댔다. 그러자 주위를 살피던 나선애가 핀잔을 주었다.

"야, 플러그를 안 꽂았잖아!"

장하다가 머리를 긁적이며 말했다.

"헤, 그러네……. 그런데 왜 플러그를 꽂아야 텔레비전이 켜지는 거지?"

 ## 전기 기구가 작동하려면?

"플러그를 꽂아야 전류가 흐르기 때문이지."

용선생이 과학실로 들어서며 말했다.

"전류요?"

"흔히 전기가 들어온다고 말하는데, 정확히는 번개 전(電), 흐를 류(流) 자를 써서 전류가 흐른다고 말해. 우리가 사용하는 전자 제품이나 전기 기구는 모두 전류를 이용한 물건이야. 텔레비전의 전원 버튼을 누르면 화면이 켜지고, 전등 스위치를 켜면 전등에 불이 들어오는 것도 전선을 통해 전기 기구에 전류가 흐르기 때문이지."

"앞으로는 전류가 흐른다고 말해야겠네요!"

"그렇지. 전류란 전하를 띤 입자가 일정한 방향으로 이동하는 것을 말해. 아무 방향으로나 움직이면 전류라고 할 수 없지."

"입자요? 전선 속에서 입자가 움직여요?"

"응. 전선에 전류가 흐를 때에는 자유 전자가 움직이지."

"그럼 전류가 흐르게 하려면 자유 전자를 일정한 방향으로 움직이게 해야겠네요."

"맞아. 전기 기구에 전류가 흐르려면 두 가지 조건이 필요해. 첫째가 전원이지. 전원은 전류가 흐를 수 있도록 전기를 보내 주는 장치야. 전지도 전원에 속해."

"전지가 전원이었군요. 그럼 둘째는요?"

"둘째는 전원과 전기 기구를 전기가 잘 통하는 물질로

연결하는 거야. 전원과 전기 기구 사이에 전자가 계속 이동할 수 있는 길이 있어야 전류가 흐를 수 있어. 전구에 불을 켜려면 전지만 있어서는 안 되고, 전구와 전지를 전선으로 연결해야 하지. 이렇게 전류가 흐를 수 있도록 전기 부품들을 연결해 놓은 것을 '전기 회로'라고 해. 텔레비전의 플러그를 콘센트에 꽂으면 전기 회로가 연결되어 텔레비전이 켜지는 거지."

▲ **전기 회로** 전류가 흐르도록 전구, 전선, 전지 같은 전기 부품을 끊어지지 않게 연결한 거야.

핵심정리

전류는 전하를 띤 입자가 일정한 방향으로 흐르는 것을 말해. 전류가 흐를 수 있도록 전기 부품들을 연결한 것을 전기 회로라고 해.

 전류는 어디서 어디로 흐를까?

용선생이 전기 회로 그림을 띄우자 나선애가 물었다.
"전선 안이랑 바깥에 있는 화살표 방향이 반대네요?"

"그래. 전선 바깥에 있는 화살표는 전류가 흐르는 방향을 나타낸 거야. 전선 안에 있는 화살표는 전자가 움직이는 방향을 가리키지."

"전류가 흐르는 방향이 정해져 있어요?"

"맞아. 전기 회로가 연결되기 전에는 자유 전자가 전선 안에서 아무 방향으로나 제멋대로 움직여. 그래서 이때는 전선에 전류가 흐르지 않아. 하지만 전기 회로가 연결되면 전자가 전선을 따라 (-)극에서 (+)극 쪽으로 이동해. 전자는 (-)전하를 띠니 (+)극에 끌리는 거야."

"그럼 전자가 (-)극에서 (+)극으로 이동하니까, 전류도 (-)극에서 (+)극으로 흐르겠네요?"

"아니야. 전자는 그렇게 이동하지만, 전류의 방향은 그

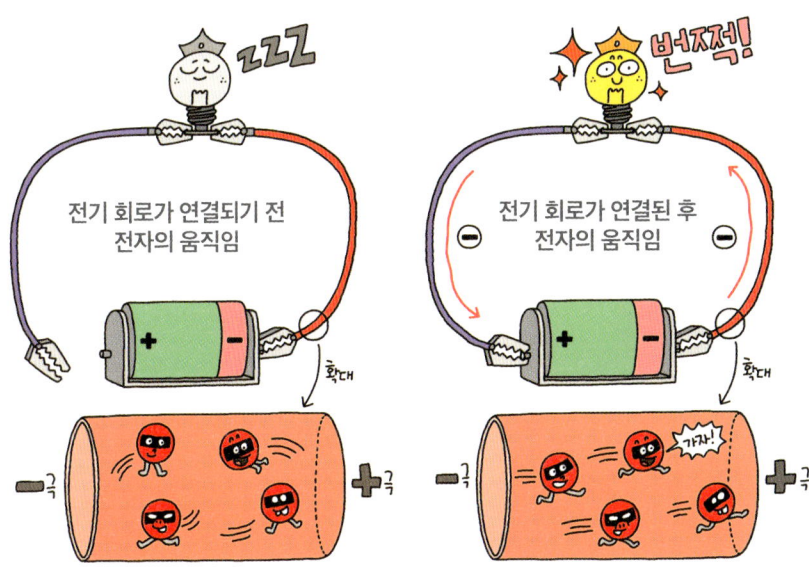

반대로 (+)극에서 (-)극이야."

"왜 전류의 방향은 반대예요?"

"과학자들이 그렇게 하기로 약속했거든."

"엥? 왜요?"

"전류의 방향을 처음 정할 때 과학자들은 전선 안에서 전자가 이동해 전류가 생긴다는 걸 몰랐어. 전자는 그보다 훨씬 나중에 발견되었거든. 오히려 (+)전하를 띤 입자가 움직인다고 생각했지. 그래서 전류의 방향은 (+)극에서 (-)극으로 간다고 정한 거야."

"오호, 그렇군요."

"그런데 그로부터 거의 150년이나 지난 뒤 전자가 발견되면서 그게 아니란 것이 밝혀졌지."

"그럼 바꾸면 되잖아요."

"하지만 그때는 이미 전류와 관련된 여러 가지 법칙이 만들어진 뒤라 이 모든 걸 다 바꾸려면 큰 혼란이 생길 수 있었어. 그래서 전류의 방향은 전자의 이동 방향과 반대라고 그냥 약속을 하고 계속 쓰기로 했지."

"아하, 그렇구나!"

용선생이 아이들을 둘러보며 말을 이었다.

"정리하자면, 전선 속의 자유 전자는 (-)극에서 (+)극으로 이동해. 하지만 전류는 (+)극에서 (−)극으로 흐르는 것으로 약속했어."

핵심정리
전선 안에서 전자는 (−)극에서 (+)극으로 이동하지만, 전류는 (+)극에서 (−)극으로 흐르는 것으로 약속했어.

전류는 얼마나 빠를까?

용선생이 갑자기 교실 형광등 스위치를 껐다 켰다. 아이들이 어리둥절한 표정을 짓자 용선생이 말했다.

"너희들 혹시 전류가 얼마나 빨리 흐르는지 아니?"

"스위치를 켜자마자 불이 들어오는 걸 보면 당연히 엄청 빠르겠죠!"

장하다가 자신 있는 목소리로 답했다.

"그래, 전류는 거의 빛의 빠르기에 가까울 정도로 매우 빨리 흘러. 그래서 우리는 스위치를 누르는 순간과 전기 기구가 작동하는 순간의 시간 차이를 거의 못 느껴. 근데 실제 전선 안에서 전자 하나하나는 아주 느리게 이동해."

 용선생의 과학 현미경
빛은 1초에 3억 m를 이동해.

"네에? 얼마나 느린데요?"

"전자는 전선 안에서 한 시간에 평균 1m 정도 이동해. 달팽이보다도 느리지."

"전자가 달팽이보다도 느리다고요?"

"말도 안 돼! 왜 그렇게 느린 거예요?"

"전선 안에는 자유 전자만 있는 게 아니라 원자도 있다는 거 다들 알고 있지? 원자는 전자보다 크기가 훨씬 커. 그래서 전자가 전선 안에서 이동할 때 원자랑 계속 부딪히면서 이동 방향이 바뀌지."

"그럼 어떻게 되는데요?"

"전자가 전선 안에서 일직선으로 이동하지 못하고 지그재그로 이동하면 어떻게 될까? 훨씬 느리게 이동하겠지?"

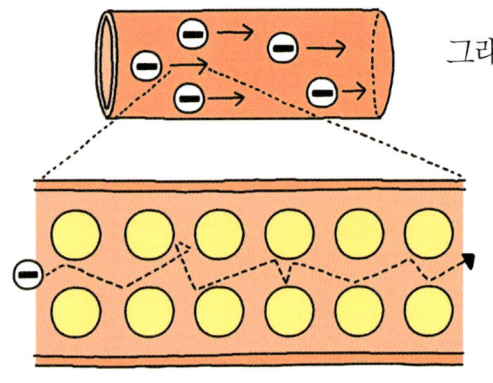

▲ 전선 속 전자의 이동

"헉! 전자가 그렇게 느리게 움직이는데 어떻게 스위치를 켜자마자 전등에 불이 들어올 수 있죠?"

"맞아요! 말이 안 되잖아요!"

곽두기가 묻자 아이들이 모두 맞장구를 쳤다.

"아주 중요한 질문이야! 그 이유를 말해 주지. 불이 들어오기 위해서 모든 전자가 스위치에서 전등까지 이동할 필요는 없기 때문이야."

"왜요? 당연히 스위치에서 전등까지 가야죠!"

"과연 그럴까?"

아이들이 어리둥절한 표정을 짓자 용선생이 장난스럽게 웃으며 말했다.

"알기 쉽게 비유를 들어 줄게. 원통형 파이프 안에 구슬이 한 줄로 꽉 차 있다고 생각해 보자. 파이프 한쪽 끝에 구슬을 밀어 넣으면 어떻게 될까?"

"반대쪽 끝에 있던 구슬이 튀어나오겠죠."

"맞았어! 파이프 반대쪽에서 구슬이 튀어나오게 하기 위해, 방금 넣은 구슬이 반드시 파이프 반대쪽 끝까지 갈 필요는 없겠지?"

"하긴, 반대쪽 끝에 있는 구슬만 튀어나오게 만들면 되죠! 간단하네요?"

"그럼 구슬들이 한 칸씩만 움직이면 되네요."

용선생이 세차게 고개를 끄덕였다.

"전선 속의 상황도 이와 마찬가지야. 파이프가 전선이고, 구슬이 전자라고 보면 돼. 전선에는 파이프 안에 구슬이 차 있는 것처럼 전자가 엄청나게 많이 있어."

"오호, 그렇군요!"

"스위치를 켜는 순간 전선에 있는 모든 전자는 전지의 (+)극을 향해 움직이기 시작해. 하지만 전등에 불이 켜지기 위해 전선 안의 모든 전자가 전등까지 갈 필요는 없지. 이때 전등 근처에 있던 전자만 필라멘트에 다다르면 전구에 불이 켜지지."

"아하! 한 줄로 늘어선 구슬 중 맨 마지막 구슬에 해당하는 전자만 전등에 도착해도 불이 켜진다는 거군요?"

나선애가 흥분된 목소리로 묻자 용선생이 활짝 웃으며

말했다.

"바로 그거야! 그래서 전자 하나하나는 전선 안에서 느리게 이동하지만 전류는 순식간에 흐르지."

핵심정리
전선 안에서 전자 하나하나는 매우 느리게 움직이지만, 전류는 매우 빨라.

전류에도 세기가 있다고?

허영심이 갑자기 찡그린 표정으로 물었다.

"선생님! 가끔 헤어드라이어 코드를 꽂을 때 손에 찌릿찌릿 전기가 느껴질 때가 있어요. 그것도 전류랑 관련이 있나요?"

용선생이 의심스런 표정으로 답했다.

"혹시 손이 물에 젖어 있었니?"

"음……. 그랬던 것 같아요."

"저런! 조심해야 돼. 자칫하면 감전될 수 있거든."

"감전이요? 감전이 뭔데요?"

"사람 몸이나 물에도 전류가 흐를 수 있어. 우리 몸에 센 전류가 흐르면 우리가 느낄 수 있는데, 이걸 감전이라고 해. 전류의 세기에 따라 전기를 느끼는 정도도 다르지."

"전류의 세기요?"

"그래. 전류에는 세기가 있단다. 전류의 세기를 어떻게 정의하는지 볼까? 전류는 전하를 띤 입자가 흐르는 거라고 했지?"

"네. 전선에서는 그 입자가 자유 전자라고 하셨잖아요."

"맞아. 자유 전자가 이동하면서 전선에 전류가 흐르게 되는데, 전자들은 모두 같은 양의 전하를 가지고 있어. 그래서 전자가 일정한 시간 동안 많이 이동할수록 전하의 양도 많아지고 전류도 세지지."

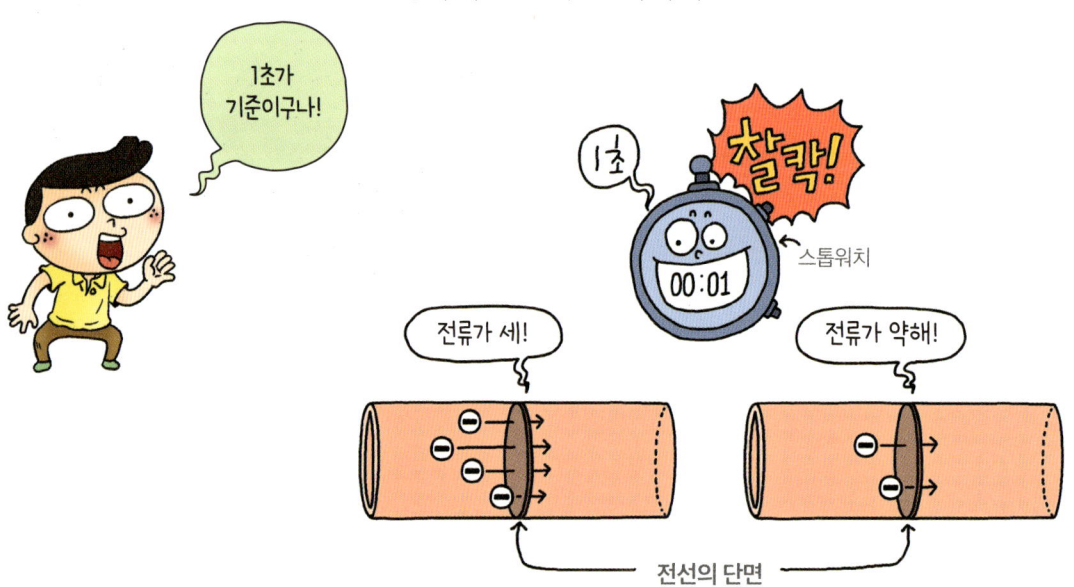

"일정한 시간이라면…… 1초? 1분? 1시간?"

"과학자들은 1초를 기준으로 정했어. 그러니까 1초 동안 전선의 한 단면을 통과한 전하의 양이 바로 전류의 세기야. 그리고 전류의 세기는 A(암페어)라는 단위를 사용해."

"근데 전류가 얼마나 세야 사람이 느낄 수 있어요?"

"사람이 전기를 느끼기 시작하는 전류의 세기는 0.001A 정도야. 그것의 20배가 되는 0.02A의 전류가 흐르면 숨 쉬기가 힘들어져. 중요한 사실은 피부가 물에 젖으면 그렇지 않을 때보다 전류가 1,000배까지 더 세게 흐를 수 있다는 거야. 물은 전류를 잘 흐르게 하거든."

"헉! 그럼 물 묻은 손으로 전기 기구를 만지면 절대 안 되겠네요?"

"당연하지!"

핵심정리

전류의 세기는 1초 동안 전선의 한 단면을 통과한 전하의 양으로 정의하고, 단위는 A(암페어)를 써.

앙페르(프랑스 과학자)

# 나선애의 정리노트

1. 전류
① 일정한 방향으로 흐르는 전하의 흐름
② 전선에 흐르는 전류는 ⓐ_____의 이동으로 생김.
③ ⓑ_____ : 전류가 흐를 수 있게 여러 가지 전기 부품을 연결한 것

2. 전류의 방향
① ⓒ___극에서 ⓓ___극으로 흐름.
② 전자는 전류의 방향과 반대로 (-)극에서 (+)극으로 이동함.

3. 전류의 세기
① 1초 동안 전선의 한 단면을 통과한 전하의 양
② 주어진 시간 동안 전자가 많이 통과할수록 커짐.
③ 단위로 ⓔ___(암페어)를 사용함.

ⓐ 자유 전자 ⓑ 전기 회로 ⓒ (+) ⓓ (-) ⓔ A

 **과학퀴즈** 달인을 찾아라!

●정답은 131쪽에

01

친구들이 이번 시간에 배운 내용에 대해 이야기하고 있어. 옳으면 O, 옳지 않으면 X를 표시해 줘.

① 전자가 일정한 방향으로 이동하면 전류가 흘러. (   )
② 전기 회로에서 전류의 방향과 전자가 이동하는 방향은 같아. (   )
③ 전선 안에서 전류는 매우 빠르게 흐르지만, 전자는 매우 느리게 움직여. (   )

02

허영심이 암실에서 탈출하는 게임을 하고 있어. 아래 보기 에서 괄호 안에 들어갈 말들을 순서대로 찾아야 탈출할 수 있대. 허영심이 길을 찾게 도와줘.

> **보기**
> 전구에 전류가 흐르려면 전구와 (   )를 (   )으로 연결하여 (   )를 만들어야 해.

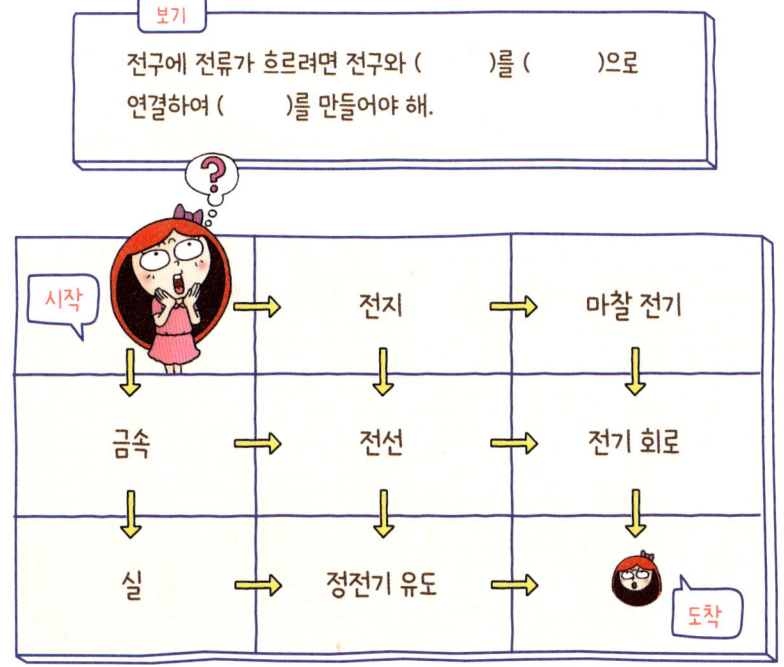

4교시 | 전압

전지를 잘못 끼우면?

꼬마의 자동차가 움직이지 않는데?

왜 그러지? 리모컨이 고장났나?

"이상하다……. 왜 리모컨이 작동을 안 하지?"

왕수재가 리모컨을 꾹꾹 눌러 댔다.

"무슨 일이니?"

때마침 과학실로 들어선 용선생이 물었다.

"리모컨 전지를 새것으로 바꾸었는데 작동을 안 해요. 고장 났나 봐요."

"이번엔 플러그도 제대로 꽂았어요!"

용선생이 리모컨에 들어있는 전지 두 개 중 한 개를 뺐다 다시 끼웠다. 왕수재가 리모컨 버튼을 누르자 에어컨이 거짓말처럼 켜졌다.

"어, 이게 어떻게 된 거예요?"

"아까는 전지 방향을 잘못 끼워서 리모컨이 작동을 안 한 거야."

전류가 흐르게 하려면?

"전지를 끼우는 데에도 방향이 있어요?"

"그래. 방향을 맞게 끼우지 않으면 전류가 잘 흐르지 않거든. 리모컨이 작동하려면 전류가 흘러야 한다는 건 모두 알고 있지?"

"네!"

"전류는 전자가 전선 안에서 한 방향으로 이동할 때 생긴다는 것도?"

"당연하죠!"

"전자가 이렇게 한 방향으로 이동하려면 전기 회로에 전지를 연결해야 한다는 것도?"

"그럼요!"

"전류를 흐르게 하는 전지의 이런 능력을 '전압'이라고 해. 전압이 큰 전지를 전기 회로에 연결하면 전류가 세게 흐르고, 전압이 작은 전지를 연결하면 전류가 약하게 흐르지."

용선생이 서랍에서 전지 하나를 꺼내 들었다.

"이 전지를 보면 1.5V라는 글자가 보이지? 1.5는 전압의 크기를 나타내고, V(볼트)는 전압의 단위야."

▲ **여러 가지 전지** 처음 만들어진 전지에는 액체가 들어 있었어. 이후 휴대하기 간편하게 액체를 사용하지 않는 전지가 발명되었는데, 이를 마를 건(乾) 자를 써서, 건전지라고도 해.

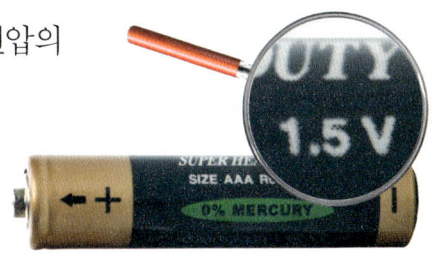

▲ 1.5V 전지

"오, 전지에 있는 숫자가 바로 그런 의미였군요!"

"그런데 왜 어떤 전지는 전압이 크고 어떤 전지는 전압이 작은 거예요?"

"좋은 질문이야. 그건 전지 안에 든 물질에 따라 달라져. 전지를 전기 회로에 연결하면 전지 안에 있는 물질들 사이에 반응이 일어나서 전지 한쪽에 전자가 생겨나. 이 전자들 사이에 서로 밀어내는 힘이 전압을 만들어 내는 거야. 그런데 어떤 전지는 전자를 많이 만들어 내고, 어떤 전지는 전자를 적게 만들어 내. 그래서 전지마다 전압이 다른 거란다."

"어떤 반응을 하길래 전자가 생겨나요?"

"전지 안에 있는 금속 물질이 녹으면서 (−)극 부근에 전

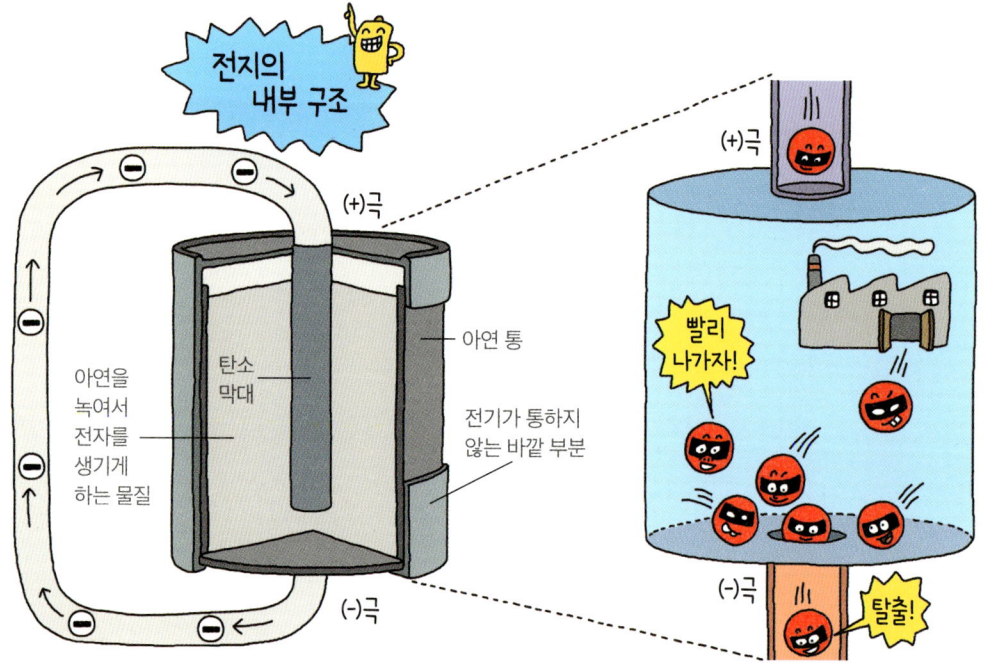

자가 생기는 반응이지. 전지는 마치 전자를 만들어 내는 공장과도 같아. 전자들이 자꾸 생겨나서 점점 많아지면 전자끼리 서로 밀어내는 힘 때문에 전자가 전선을 따라 (+)극 쪽으로 이동해. 그렇게 해서 전류가 흐르는 거야."

"전류가 흐르려면 전지가 꼭 있어야겠네요!"

"그렇지! 전류가 흐르는 것은 물이 흐르는 것과 비슷한 점이 많아. 관으로 연결된 두 개의 물통에 물이 차 있다고 생각해 봐. 전지는 두 물통 사이에 물이 계속 흐르게 하는 펌프 같은 거야."

"조금 전에는 공장이라고 하시더니, 이번에는 펌프예요?"

"그래. 물의 높이가 다른 물통 두 개를 연결하면 물이 높은 쪽에서 낮은 쪽으로 흘러. 그러다 물의 높이가 같아지면 더 이상 흐르지 않지. 이

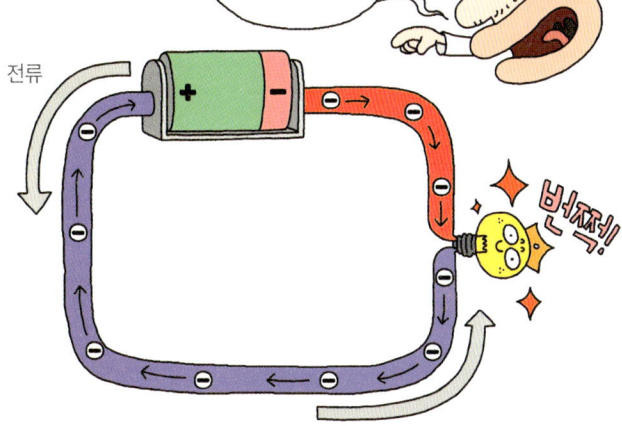

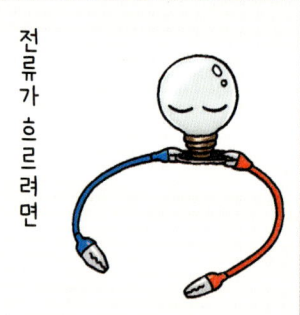

때 펌프로 양쪽 물의 높이를 다르게 하면 물이 다시 흘러. 그리고 펌프가 작동하는 동안은 물이 멈추지 않고 계속 흐르지."

아이들이 고개를 끄덕였다.

"펌프가 물을 끌어올리며 물이 계속 흐르게 하는 것처럼, 전지는 전자를 계속 밀어 내며 전류가 계속 흐를 수 있게 해. 물의 높이차가 클수록 물이 세게 흐르듯이, 전압이 클수록 전류가 세게 흘러."

이때 허영심이 다 쓴 전지를 들어 보이며 물었다.

"전지가 닳아서 못 쓰게 되는 건 왜 그런 거예요? 그것도 전압이랑 관련이 있어요?"

"있지! 전지를 오랫동안 사용하면 전지 안에 든 금속 물질이 녹아 없어져. 그럼 전지에서 전자가 충분히 생기지 않아. 그럼 전압이 작아져서 전기 기구가 작동하는 데 필요한 전류를 흐르게 할 수 없어."

"그래서 전지가 닳는 거군요?"

"맞아. 그래서 더 이상 쓸 수 없게 되는 거야. 전압이 줄어들어 0이 되면 아예 전류가 흐르지 않아."

> 전압은 전류를 흐르게 하는 능력이야. 단위로 V(볼트)를 사용해.

 ## 리모컨이 작동하지 않은 까닭은?

리모컨을 이리저리 만지던 나선애가 물었다.

"그런데 왜 리모컨에는 전지가 두 개 들어가요?"

"전압을 더 크게 하기 위해서야."

용선생이 리모컨의 전지가 들어가는 곳을 보여 주며 말했다.

"우리 눈에는 보이지 않지만 리모컨 내부에는 전선이 있어. 그래서 전지를 표시된 방향대로 끼우면 한 전지의 (+)극과 다른 전지의 (-)극이 연결돼. 이렇게 전지를 서로 다른 극끼리, 그러니까 (+)극과 (-)극을 연결하는 것을 전지의 직렬연결이라고 하지."

"그런데 왜 다른 극끼리 연결하는 거예요?"

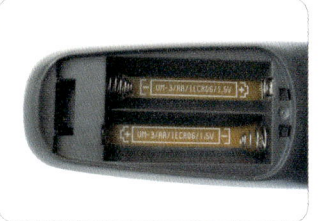
▲ 리모컨의 전지 삽입구

 곽두기의 낱말 사전

직렬 곧을 직 (直) 늘어설 렬 (列). 직렬연결은 한 줄로 잇는 것을 말해.

▼ 전지의 직렬연결

"전지를 다른 극끼리 연결하면 전지의 개수만큼 전압이 커지거든. 직렬연결은 마치 물통을 위아래로 연결하는 것과 같아. 물통이 하나일 때보다 둘일 때 물이 더 세게 흐르는 것처럼, 전지 두 개를 직렬로 연결하면 전압이 더 커져."

"그럼 아까 리모컨이 작동하지 않은 건 전지 방향이 잘못돼서 직렬연결이 되지 않은 거였군요?"

"그렇지!"

"그럼 1.5V 전지가 두 개 있으면 전압은 얼마예요?"

"전지 여러 개가 직렬로 연결되어 있을 때 전체 전압은 각 전지의 전압을 더한 값이야. 얼마일까?"

"1.5 더하기 1.5이니까 3V인가?"

"맞았어!"

"그럼 전지를 많이 연결할수록 전압이 더 커지겠네요?"

"직렬연결일 때에는 그렇지. 하지만 직렬연결이 아닌 다른 방법으로 전지를 연결하면 그렇지 않을 수도 있어."

"어떤 방법이요?

핵심정리

전지 두 개 이상을 서로 다른 극끼리 연결하는 것을 전지의 직렬연결이라고 해. 이때 전체 전압은 전지의 개수가 늘어날수록 커져.

 ## 전지를 연결하는 또 다른 방법!

"전지를 같은 극끼리 연결하는 거야. (+)극은 (+)극과, (-)극은 (-)극과 말이지. 이걸 전지의 병렬연결이라고 해. 전지의 직렬연결이 물통을 위아래로 연결해 물의 높이가 높아지는 거라면, 병렬연결은 물통을 옆으로 쭉 이어 놓는 것과 같아. 물의 높이는 그대로이지만 물의 양이 늘어나는 것이지."

"그럼 전압은 그대로예요? 물 높이가 그대로이니까요?"

"그렇지! 같은 전지를 여러 개 병렬로 연결하면 전압은

 곽두기의 낱말 사전

병렬 나란히 병(竝) 늘어설 렬(列). 병렬연결은 나란히 잇는 것을 말해.

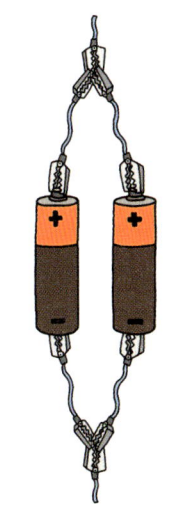

▲ 전지의 병렬연결

전지가 한 개일 때와 같아."

"그럼 뭐하러 그렇게 연결해요? 어차피 전압은 그대로인데요?"

"하하, 나름대로 장점이 있지. 물통을 옆으로 쭉 이어 놓으면 물의 양이 늘어나서 물이 오래 흐르는 것처럼, 병렬로 연결하면 전지를 오래 사용할 수 있어."

"오호, 그렇군요!"

"그렇다면 여기서 질문! 전지를 직렬로 연결해도 더 오래 사용할 수 있을까?"

용선생의 물음에 곽두기가 고개를 갸웃하며 말했다.

"더 오래 쓸 수 있을 거 같은데요. 물의 양이 많아지는 것과 마찬가지이잖아요."

"아니야. 물통 두 개를 위아래로 연결하면 물통이 한 개일 때보다 물이 더 세게 흐른다고 했잖아. 그래서 같은 시간 동안 나오는 물의 양이 많아지지. 결국 물이 흐르는 시간은 물통이 하나일 때와 같아."

"아, 전류가 그만큼 세게 흘러서 전지를 사용할 수 있는 시간은 똑같겠군요."

"그렇지. 전지를 직렬로 연결하면 전압은 커지지만 전지를 쓸 수 있는 시간은 전지가 한 개일 때와 똑같아."

"전지를 어떻게 연결하느냐에 따라 전압이 커지기도 하고 사용 시간이 길어지기도 한다니, 신기해요!"

핵심정리

전지 두 개 이상을 같은 극끼리 연결하는 것을 전지의 병렬연결이라고 해. 전지를 병렬로 연결하면 전지의 개수가 늘어나도 전압은 그대로야. 하지만 전지를 오래 사용할 수 있어.

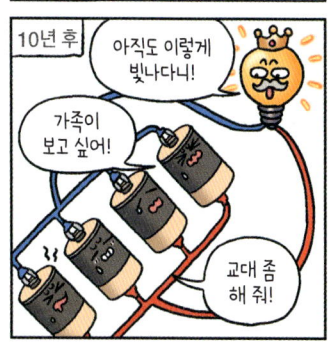

나선애의 정리노트

1. 전압
① 전기 회로에서 전류를 흐르게 하는 능력
② ⓐ _____ 에서 만들어짐.
③ 단위로 ⓑ _____ (볼트)를 사용함.

2. 전지의 ⓒ _____ 연결
① 두 개 이상의 전지를 서로 다른 극끼리 연결하는 방법
② 전지의 개수가 늘어날수록 전체 전압이 커짐.
③ 전지의 개수가 늘어나도 사용할 수 있는 시간은 변하지 않음.

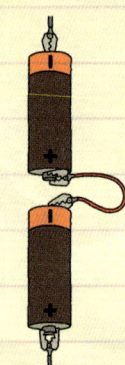

3. 전지의 ⓓ _____ 연결
① 두 개 이상의 전지를 같은 극끼리 연결하는 방법
② 전지의 개수가 늘어나도 전체 전압은 변하지 않음.
③ 전지의 개수가 늘어날수록 사용할 수 있는 시간이 길어짐.

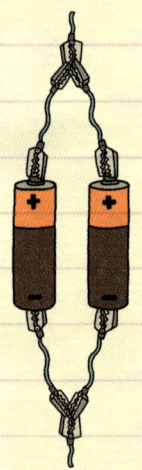

ⓐ 전지 ⓑ V (볼트) ⓒ 직렬 ⓓ 병렬

과학퀴즈 달인을 찾아라!

●정답은 131쪽에

01

친구들이 이번 시간에 배운 내용에 대해 이야기하고 있어. 옳으면 O, 옳지 않으면 X를 표시해 줘.

① 전압을 크게 하려면 전지 여러 개를 직렬로 연결하면 돼. (   )

② 전지 여러 개를 병렬로 연결하면 오래 사용할 수 있어. (   )

③ 전압의 단위는 A라고 쓰고, 암페어라고 읽어. (   )

02

친구들이 햄버거를 걸고 사다리타기를 해. 과연 누가 햄버거를 먹게 될까? 전체 전압이 가장 큰 경우를 따라 내려가며 햄버거의 주인을 알아맞혀 봐.

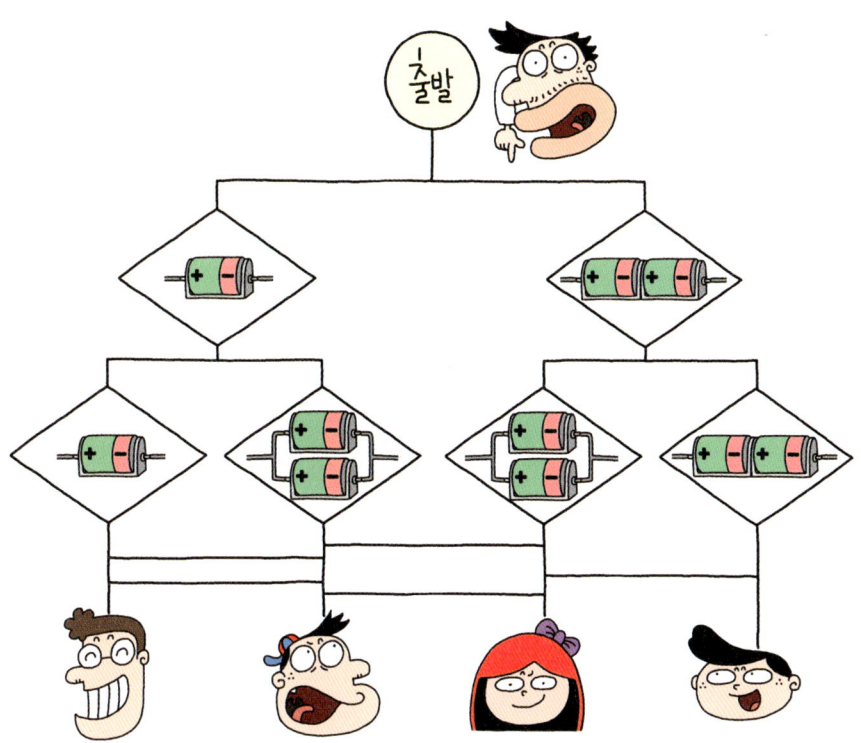

 용선생의 과학 카페   용선생의 한국사 카페   용선생의 세계사 카페

https://cafe.naver.com/yongyong

용선생의 과학 카페

과학계의 핵인싸,
용선생의 과학 카페에
오신 걸 환영합니다.

Log in

오늘은 어떤
재미난 지식을
올려 볼까?

MENU

물리면 아프다
화학이 화하하
생물 오징어
지구는 둥글다

전지의 역사가 볼타오르다

최초의 전지는 1800년에 이탈리아의 물리학자인 알레산드로 볼타가 만들었어. 그의 이름을 따서 볼타 전지라고 하지. 볼타 전지는 서로 다른 두 개의 금속을 이용하여 전류를 흐르게 해. 그 당시에는 약하게 흐르는 전류를 재는 도구가 없었어. 그래서 볼타는 어떤 금속이 전류를 잘 흐르게 하는지 알아내기 위해 여러 금속을 자신의 혀에 대 보며 전류가 흐르는지 느꼈다고 해.

볼타는 당시 알려진 금속 중 아연을 사용할 때 전류가 가장 세게 흐른다는 것을 알아냈어. 그래서 소금물에 적신 천을 아연과 구리 사이에 넣고 전선으로 연결해 전지를 만들었지. 구리를 사용한 이유는 싸고 쉽게 구할 수 있기 때문이었어. 볼타 전지가 내는 전압은 아연과 구리로 된 한 쌍이 있을 때 0.76V 정도야. 볼타 전지는 사용하지 않는 동안에도 아연이 계속 녹아서 전지의 수명이 짧고, 시간이 지나면 내부에 수소 기체가 쌓여 전압이 금방 줄어든다는 단점이 있어. 그래서 요즘은 사용하지 않아.

나의 몸길이는 54 cm나 돼.

◀ 볼타 전지

볼타 전지의 원리는 뭘까? 바로 이거야. 아연은 구리보다 전자를 쉽게 내놓는 성질이 있어서 아연에서 전자가 나와. 그러면 전자들이 서로 밀어내며 전선을 따라 구리 쪽으로 이동하여 전류가 흐르는 거지. 우리 주변의 것들로도 쉽게 볼타 전지를 만들 수 있어. 소금물 대신 레몬을 이용하는 거야. 그리고 아연을 입힌 못과 구리로 만든 못을 서로 닿지 않게 레몬에 꽂은 후 전선으로 연결하면 돼.

▼ 직렬연결한 레몬 전지

레몬 한 개로 만든 전지의 전압은 약 0.8~0.9V야. 이 정도로는 전구를 켜기에 부족해. 전구에 불을 켜려면 레몬 여러 개를 직렬로 연결해야 하지. 레몬 대신 감자나 바나나로도 전지를 만들 수 있어.

장하다의 오답을 피하는 방법
나선애의 야무진 실험실
왕수재의 아는 척 과학교실
허영심의 별 헤는 밤
곽두기의 빅뱅 따라잡기

COMMENTS

- 난 집에 가서 감자로 해 봐야지.
  - 난 바나나~
  - 먹기에도 부족한데 뭘 한다고?

"왜 전구에 불이 안 켜지지?"

전기 회로를 연결하던 장하다가 고개를 갸우뚱하며 말했다. 그러자 옆에 있던 나선애가 핀잔을 주었다.

"어휴, 전선의 겉 부분에 연결을 하니까 그렇지! 거긴 플라스틱이라고."

"끄응……. 근데 전선의 겉 부분은 왜 플라스틱이야?"

"음……. 글쎄?"

"그건 감전을 막기 위해서야."

아이들을 지켜보던 용선생이 기다렸다는 듯이 말했다.

 ## 전류의 흐름을 방해하는 범인은?

"아! 지난번에 배운 감전이요?"

"맞아. 플라스틱으로 감싸지 않은 전선을 만지면 우리 몸으로 전류가 흘러들 수 있어서 자칫하면 감전될 수 있거든."

"플라스틱으로 감싼 부분은 만져도 괜찮아요?"

"응. 플라스틱은 전류가 잘 흐르지 않아서 괜찮아."

"왜 플라스틱은 전류가 잘 흐르지 않는데요?"

"플라스틱은 구리보다 '저항'이 매우 크거든."

"저항? 그게 뭐예요?"

"보통 어떤 것에 맞서 버티는 것을 저항한다고 하지? 여기서 말하는 저항은 '전기 저항'을 뜻해."

"전기 저항이면 전류에 맞서 버티는 건가요?"

왕수재가 답하자 용선생이 활짝 웃으며 말했다.

"비슷해! 저항은 전류가 흐르는 것을 방해하는 성질이야. 저항이 클수록 전류가 잘 흐르지 않지. 먼저 구리와 같은 금속에 저항이 있는 까닭부터 알아볼까?"

"네!"

"지난번에 배운 것처럼 금속에서는 자유 전자가 일정한 방향으로 이동하여 전류가 흘러. 그런데 금속에는 자유 전자만 있는 게 아니라 원자도 있어. 그러다 보니 자유 전자

가 이동할 때 원자와 계속 부딪쳐서 느려져. 그러면 전류의 세기가 약해지지. 장애물이 많으면 빨리 달리지 못하는 것처럼 말이야."

"맞아요! 우리 학교 운동장에는 돌이 너무 많아서 빨리 달리기가 힘들어요."

"그래서 네가 달리기 꼴찌 했다고?"

왕수재의 말에 나선애가 대꾸하자 아이들이 웃음을 터뜨렸다.

"아무튼 금속에서는 이런 식으로 자유 전자가 원자와 부딪쳐 전류의 흐름을 방해하는 저항이 생겨."

핵심정리

전기 저항은 전류의 흐름을 방해하는 성질이야. 금속에서는 자유 전자가 이동할 때 원자들과 부딪치면서 저항이 생겨.

저항은 왜 물질마다 다를까?

"근데 플라스틱은 왜 구리보다 저항이 훨씬 커요?"

"저항은 물질에 따라 달라. 구리와 플라스틱처럼 금속이

냐 금속이 아니냐에 따라 저항이 다르고, 금속의 종류에 따라서도 다르지."

"금속끼리도 서로 저항이 다르다고요?"

"그래. 금속의 종류에 따라 자유 전자의 양도 다르고 원자가 늘어선 모양도 달라. 그래서 전자가 이동하면서 원자와 부딪치는 횟수가 달라져. 그에 따라 금속마다 저항이 다르게 나타나는 거야."

"오호, 그렇군요!"

"예를 들면, 같은 크기와 모양일 때 텅스텐은 구리보다 저항이 세 배 정도 커."

"그럼 구리가 저항이 제일 작은 금속이에요?"

"그건 아니야. 구리보다 은의 저항이 약간 더 작아. 은의 저항이 1이라면 구리는 1.05야. 하지만 구리는 은보다 값

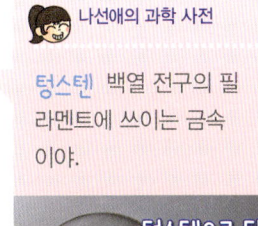

나선애의 과학 사전

텅스텐 백열 전구의 필라멘트에 쓰이는 금속이야.

텅스텐으로 된 필라멘트

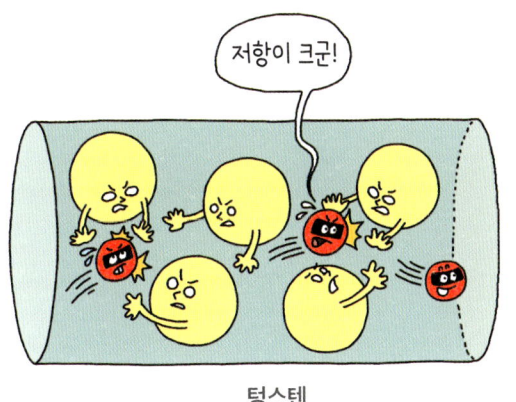

텅스텐

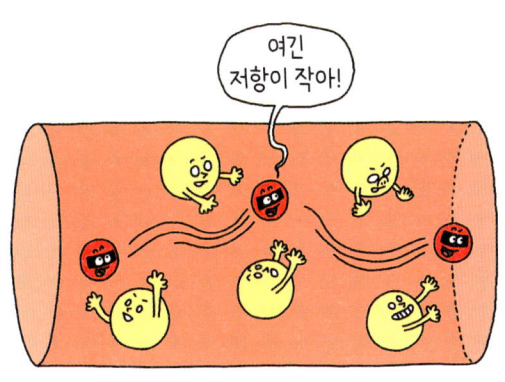

구리

> **용선생의 과학 현미경**
>
> 금, 은, 구리의 길이와 굵기가 같을 때 저항이 가장 큰 것은 금이고, 가장 작은 것은 은이야.

▲ 금이 쓰인 유심 칩

▲ 은이 쓰인 컴퓨터 부품

▲ 구리가 쓰인 전선

이 훨씬 싸고 모양을 바꾸기도 쉬워서 전선에 많이 사용하는 거야."

"금속은 전부 저항이 작아요?"

"맞아! 금속은 저마다 저항이 다르기는 하지만 그 값이 모두 작아서 전류가 잘 흘러. 금속처럼 저항이 작아서 전류가 잘 흐르는 물질을 '도체'라고 해. 모든 금속은 도체이지. 특히 금속 중에서도 금, 은, 구리는 저항이 매우 작아서 전기 기구나 전자 제품에 많이 쓰여."

"금속이 아닌 물질은 모두 전류가 잘 안 흘러요?"

그러자 용선생이 연필을 들어 보이며 말했다.

"그건 아니야. 연필심으로 쓰이는 흑연은 금속이 아니지만 전류가 잘 흐르는 편이야. 금속보다는 저항이 크지만 말이지."

"헉! 연필심에 전류가 흐를 수 있다고요?"

"응. 하지만 흑연은 특이한 경우이고, 금속이 아닌 물질은 대부분 저항이 커서 전류가 잘 흐르지 않아. 예를 들어 유리는 구리보다 저항이 10경 배 정도 더 커. 10경은 1 뒤에 0이 17개나 있는 엄청 큰 숫자라고."

"우아! 유리는 저항이 어마어마하네요!"

"맞아. 고무, 플라스틱은 유리보다도 저항이 커서 전류가 흐르지 않아. 이런 물질을 아닐 부(不) 자를 써서 '부도체'라고 해. 도체가 아니라는 뜻이지."

"와! 플라스틱의 저항이 그렇게 크다니! 왜 플라스틱으로 감싼 전선을 만져도 괜찮은지 이제 이해가 돼요!"

"근데 부도체는 왜 저항이 큰 거예요?"

"금속과 달리 부도체에 있는 전자들은 원자에 묶여 이동할 수 없어. 부도체에는 자유 전자가 없어서 전류가 아예 흐르지 못해. 그래서 저항이 큰 거야."

"그럼 부도체는 전기 기구를 만들 때 쓸모가 없겠네요?"

"아니야! 부도체도 아주 중요해! 부도체는 전류가 흐르는 걸 막기 위해 필요하거든. 플라스틱은 전선 바깥을 전기가 통하지 않도록 감싸는 데 쓰이지."

 **핵심정리**

저항은 물질마다 달라. 저항이 작아서 전류가 잘 흐르는 물질을 도체, 저항이 커서 전류가 잘 흐르지 않는 물질을 부도체라고 해.

구리 전선은 모두 저항이 같을까?

왕수재가 턱을 긁으며 곰곰이 생각하더니 말했다.

"선생님, 그럼 같은 물질로 만들면 저항이 다 같아요?"

"아니. 똑같은 구리로 만든 전선이라도 전선의 굵기나 길이에 따라 저항이 달라져."

"왜요?"

"아주 간단해. 굵기가 굵은 전선은 폭이 넓은 길과 마찬가지야. 길이 넓으면 사람이 한 번에 더 많이 지나갈 수 있는 것처럼 굵은 전선에서는 같은 시간 동안 전자가 더 많이 이동할 수 있어. 그러면 전류의 세기는 어떻게 될까?"

"커져요."

"그렇지! 전류의 세기가 커진다는 건 저항이?"

"작아진다는 건가요?"

"맞았어. 그러니까 같은 구리선이라도 굵기가 굵을수록 저항이 작아."

용선생이 헛기침을 하고는 다시 말했다.

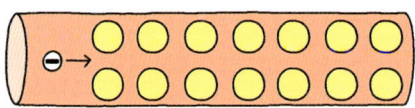

저항이 큰 전선

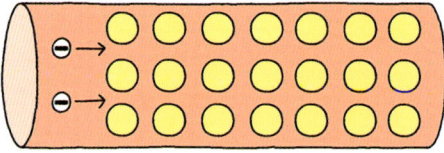

저항이 작은 전선

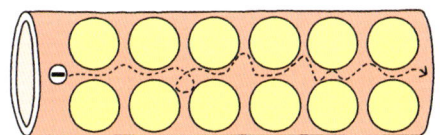
저항이 작은 전선

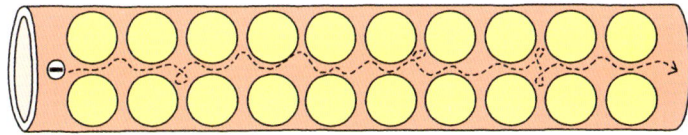
저항이 큰 전선

"자, 이번에는 전선의 길이가 다르면 저항이 어떻게 달라지는지 생각해 보자. 저항은 전자가 전선 안에서 이동하면서 원자와 부딪혀 생기는 거야. 전선이 길어질수록 전자가 원자와 충돌하는 횟수는 어떻게 될까?"

"많아져요."

"그렇지! 그럼 저항은?"

"커지겠네요!"

"맞아. 같은 구리선이라도 길이가 길수록 저항이 커. 그러니까 가늘고 긴 전선일수록 저항이 크다는 사실!"

그러자 허영심이 손뼉을 짝 치며 말했다.

"그럼 굵고 짧은 전선일수록 저항이 작겠네요?"

"맞아! 정말 똑똑하구나!"

핵심정리

도체의 굵기가 가늘수록, 길이가 길수록 저항이 커. 반대로 도체의 굵기가 굵을수록, 길이가 짧을수록 저항이 작아.

나선애의 정리노트

1. 저항
① ⓐ◯ 의 흐름을 방해하는 성질
② 금속의 경우 ⓑ◯ 가 이동하면서 원자와 충돌하여 생김.
③ 저항이 클수록 전류의 세기가 작아짐.

2. 도체와 부도체
① ⓒ◯ : 저항이 작아 전류가 잘 흐르는 물질
　예 금속, 흑연 등
② ⓓ◯ : 저항이 커서 전류가 잘 흐르지 않는 물질
　예 유리, 나무, 플라스틱, 고무 등

3. 도체의 저항
① 도체의 굵기가 굵을수록 저항이 작고 가늘수록 저항이 큼.

저항이 작은 전선 　　 저항이 큰 전선

② 도체의 길이가 길수록 저항이 크고 짧을수록 저항이 작음.

저항이 큰 전선
저항이 작은 전선

ⓐ 전류 ⓑ 자유 전자 ⓒ 도체 ⓓ 부도체

 과학퀴즈 달인을 찾아라!

●정답은 131쪽에

01

친구들이 이번 시간에 배운 내용에 대해 이야기하고 있어. 옳으면 O, 옳지 않으면 X를 표시해 줘.

① 저항이 클수록 전류가 잘 흘러. (   )
② 전선의 굵기가 굵을수록 저항이 작아. (   )
③ 전선의 길이가 길수록 저항이 커. (   )

02

친구들이 보물찾기를 하고 있어. 옳은 말을 따라가면 보물찾기의 승자가 나와. 과연 승자는 누구일지 알아맞혀 봐. 단, 세 전구는 같은 전지에 연결되어 있어.

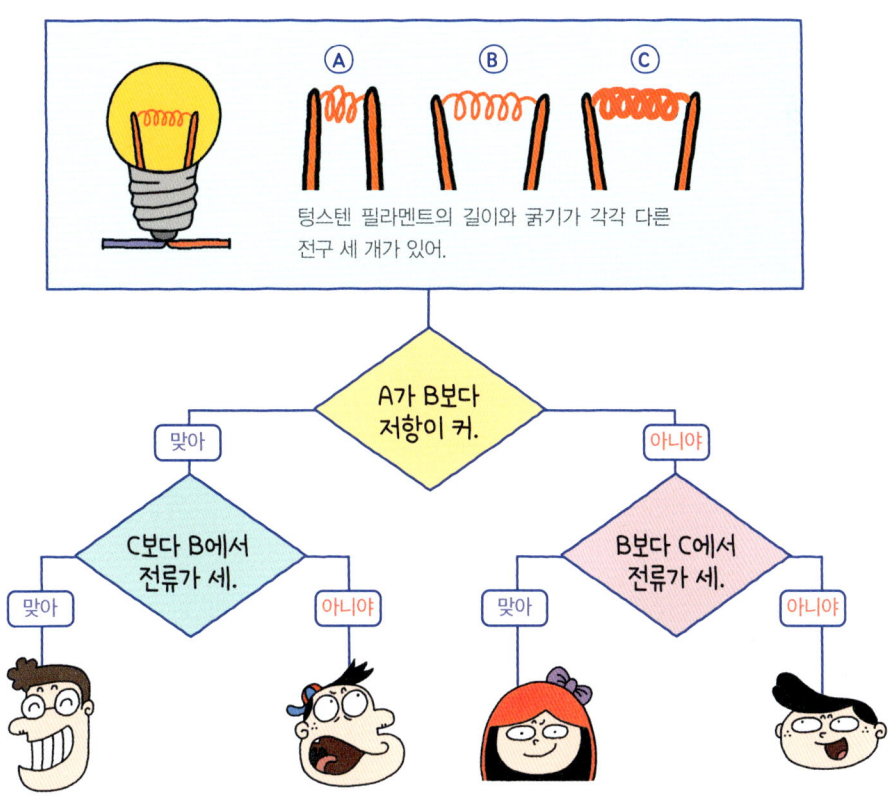

| 용선생의 과학 카페 | 용선생의 한국사 카페 | 용선생의 세계사 카페 |

https://cafe.naver.com/yongyong

용선생의 과학 카페

과학계의 핵인싸,
용선생의 과학 카페에
오신 걸 환영합니다.

Log in

MENU

- 물리면 아프다
- 화학이 화하하
- 생물 오징어
- 지구는 둥글다

반도체, 너의 정체는?

부도체보다는 전류가 잘 흐르지만, 도체보다는 전류가 잘 흐르지 않는 물질이 있어. 바로 반도체야. 반도체는 도체에 비해 자유 전자의 수가 훨씬 적기 때문에 보통 때는 전류가 거의 흐르지 않아. 하지만 전류가 잘 흐르도록 성질을 쉽게 바꿀 수가 있어.

가장 흔한 반도체인 규소는 자유 전자의 수가 구리에 비해 1조 분의 1밖에 안 돼. 그래서 평소에는 전류가 거의 흐르지 않지. 그런데 규소에 인과 같은 불순물 원자를 조금 넣으면 원자핵에 묶여 있던 전자 중 일부가 자유롭게 움직일 수 있어서 전류가 잘 흐르게 돼. 이런 과정을 '도핑'이라고 해.

규소 모래에 많고 지구상에 아주 흔해.

도핑 전 규소

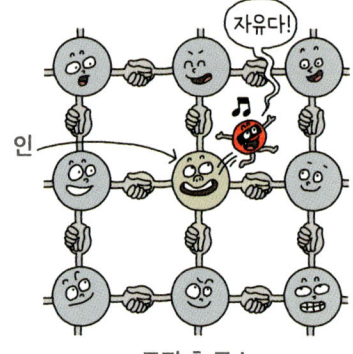

도핑 후 규소

규소에 도핑을 하면 저항을 약 $\frac{1}{100만}$로 줄일 수 있단다! 또, 어떤 불순물 원자를 얼마나 섞느냐에 따라 전류가 흐르는 정도가 달라지지. 반도체는 전류가 흐르는 정도를 쉽게 조절할 수 있어서 전자 부품의 재료로 많이 이용돼.

- 장하다의 오답을 피하는 방법
- 나선애의 야무진 실험실
- 왕수재의 아는 척 과학교실
- 허영심의 별 헤는 밤
- 곽두기의 빅뱅 따라잡기

컴퓨터

반도체 칩(집적회로) 수천에서 수만 개의 전자 부품으로 만들어진 회로야.

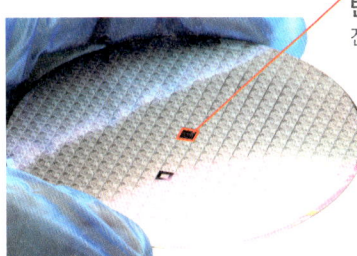

규소 웨이퍼 반도체 칩을 만들기 위해 사용되는, 두께 0.5~1mm의 얇은 판이야. 여기에 도핑을 하는 거지.

▼ 반도체 칩에 들어가는 전자 부품들

트랜지스터	다이오드	저항기	커패시터
전기 신호를 크게 하거나 스위치 역할을 해.	전류가 한쪽으로만 흐르게 해.	전류의 세기를 조절해.	전기를 저장하고 불필요한 신호를 없애.

COMMENTS

 한마디로 반도체는 반만 도체라는 뜻이군요.

└ 헐, 그럴 듯하네. 장하다가 웬일?

└ 나도 그 정도는 알거든!!!

6교시 | 옴의 법칙

전기 기구에 숨어 있는 법칙은?

너무 더워…. 몸이 군고구마처럼 익겠어.

이럴 땐 선풍기를 3단으로 틀어야 하는데!

"아, 더워. 장하다! 선풍기 바람 좀 같이 쐬자."

왕수재가 장하다 곁으로 바짝 다가가며 말했다.

"야, 바람 좀 세게 해 봐. 너무 약하잖아!"

"어휴, 더워! 좀 떨어져!"

장하다와 왕수재가 티격태격하고 있는데 느닷없이 허영심이 물었다.

"근데 선풍기 바람 세기는 어떻게 세졌다 약해졌다 하는 거지?"

 ## 전류와 전압은 어떤 관계일까?

"그건 선풍기에 흐르는 전류의 세기를 세거나 약하게 조절하는 거란다."

때마침 용선생이 과학실 문을 열고 들어서며 말했다.

"전류의 세기를 어떻게 조절하는데요?"

"아주 간단해! 이것만 알면 되지."

용선생이 칠판에 '옴의 법칙'이라고 적었다.

"옴의 법칙? 무슨 법칙 이름이 그래요?"

장하다가 어리둥절한 표정으로 물었다.

"옴의 법칙은 게오르크 옴이란 독일의 과학자가 전류와 전압 사이의 관계를 밝혀낸 법칙이야. 옴의 법칙이 뭔지 알면 전류의 세기를 어떻게 조절하는지 알 수 있어. 그럼 선풍기 바람 세기를 조절하는 원리도 알 수 있지."

용선생이 실험대 위에 여러 가지 실험 기구를 올려놓으며 말했다.

"지금부터 옴이 했던 대로 전압에 따라 전류가 어떻게 변하는지 측정해 볼까?"

"오! 우리도 옴처럼 실험을 할 수 있어요?"

"그렇고말고! 전압을 증가시키며 니크롬선에 흐르는 전류의 세기를 재면 돼."

아이들은 각자 전지의 개수를 한 개부터 네 개까지 하나씩 늘려 가며 전압계와 전류계의 바늘이 가리키는 숫자를 노트에 적었다.

곽두기의 낱말 사전

측정 잴 측(測) 정할 정(定). 기계나 장치를 사용하여 값을 잰다는 뜻이야.

용선생의 과학 현미경

니크롬은 니켈과 크롬을 섞어 만든 물질이야. 여기에 철을 함께 섞기도 하지. 높은 온도에서도 타거나 부러지지 않아서 토스터나 헤어드라이어처럼 열이 많이 발생하는 기구에 사용해.

니크롬이 쓰인 토스터

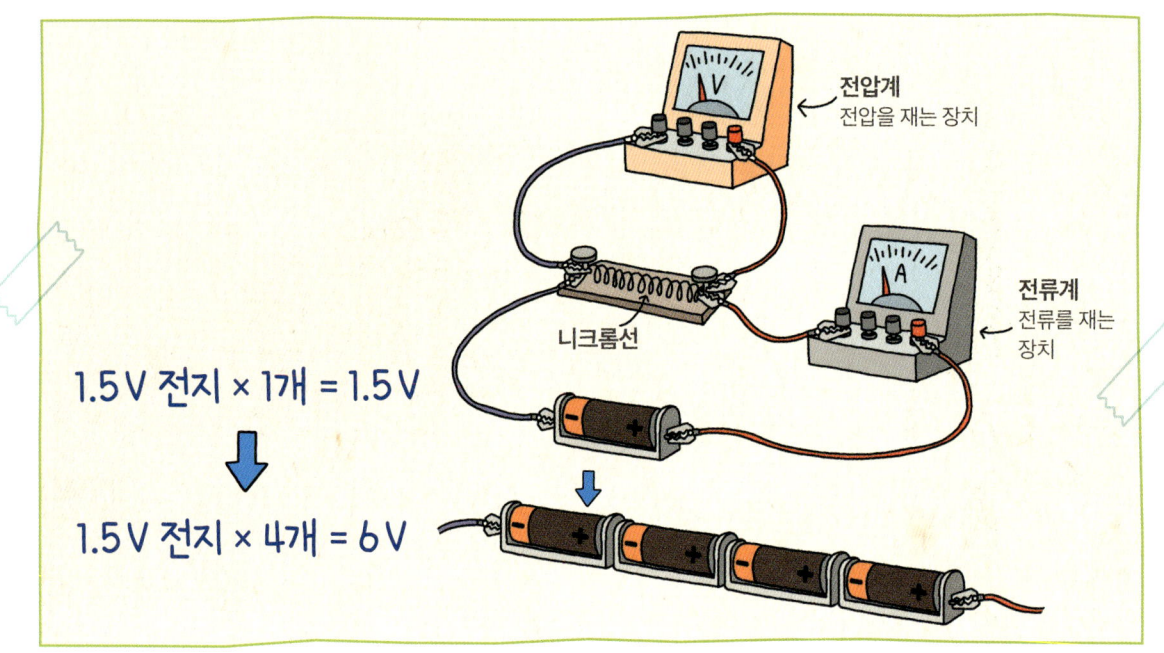

맨 먼저 측정을 끝낸 곽두기가 뿌듯한 표정을 지으며 용 선생에게 물었다.

"그다음은요?"

"실험 결과를 분석해야지. 전류와 전압 사이의 관계를 알려면 두 값을 가지고 그래프를 그리면 돼."

이번에는 왕수재가 제일 먼저 그래프를 완성했다.

"그래프를 보니 전압이 커질수록 전류도 커져요."

"맞아. 전압이 1.5V에서 3V로 2배가 되면 전류도 0.2A 에서 0.4A로 2배가 돼. 또, 전압이 4배가 되면 전류도 4배 가 되고. 전압이 커질수록 전류의 세기가 일정하게 커져. 이러한 관계를 비례 관계라고 해. 전류의 세기는 전압에 비 례한다는 것이 바로 옴의 법칙이야."

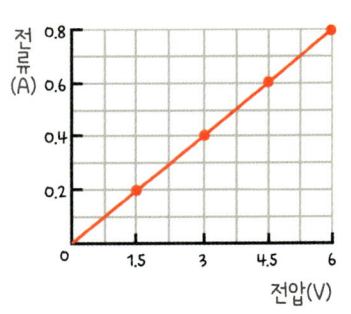

▲ 전류와 전압 사이의 관계

용선생의 과학 현미경

꺾은선그래프 그리기

실험 결과를 한눈에 알아보기 위해 과학자들은 꺾은선그래프를 그리곤 해. 꺾은선그래프를 어떻게 그리는지 알아볼까?
자, 선생님이 미리 실험 결과를 표로 정리해 두었어. 용수철에 추를 매달면 용수철이 늘어나는데, 추의 개수에 따라 용수철이 얼마나 늘어나는지 잰 값이지. 이걸 꺾은선그래프로 나타내면 추의 개수와 용수철이 늘어난 길이 사이의 관계를 쉽게 알 수 있어.

추의 개수(개)	0	1	2	3	4	5
용수철이 늘어난 길이(cm)	0	2	4	6	8	10

① 꺾은선그래프의 가로에 '추의 개수(개)', 세로에 '용수철이 늘어난 길이(cm)'라고 적어.

② 가로 눈금 한 칸의 크기를 추의 개수 1개로 정하고, 추의 개수가 5개까지 많아지니까 눈금마다 0부터 5까지 표시해.

③ 세로 눈금 한 칸의 크기를 1cm로 정하고, 용수철의 길이가 10cm까지 늘어나니까 눈금마다 0에서 10까지 표시해.

④ 표에 있는 측정값을 그래프에 점으로 표시한 다음 선분으로 이으면 그래프가 완성돼. 완성된 꺾은선그래프를 보면 추의 개수가 많아질수록 용수철의 길이가 일정하게 늘어난다는 것을 쉽게 알 수 있어.

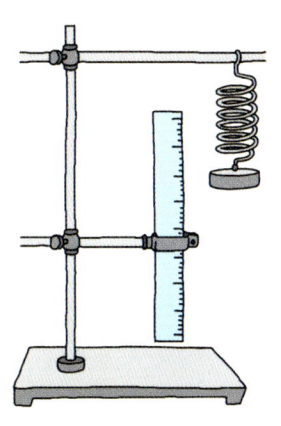
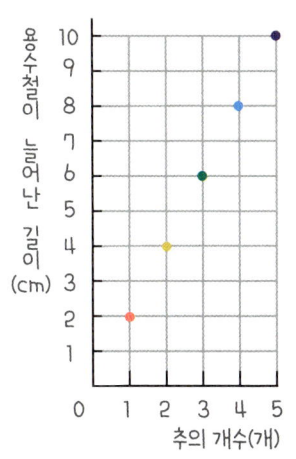
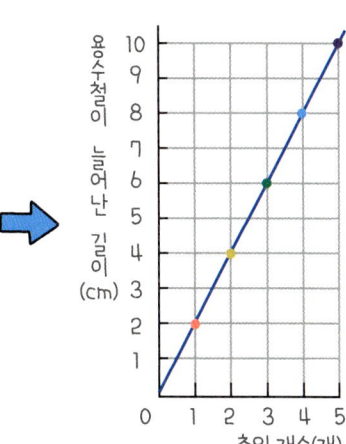

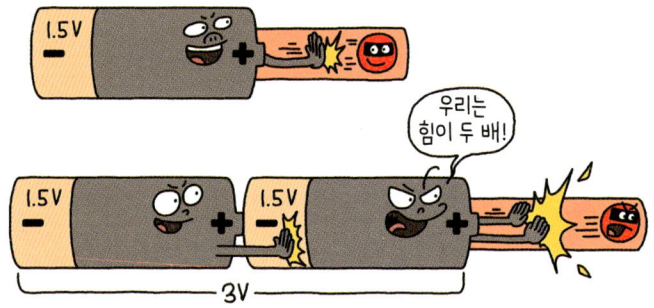

"전압이 커지면 왜 전류의 세기가 커져요?"

"전압은 도체 안에서 자유 전자가 이동할 수 있도록 전자를 밀어 주는 힘과 비슷해. 전압이 커져서 전자가 더 빨리 이동하면, 일정한 시간 동안 도체의 단면을 통과하는 전자의 수도 많아져. 그래서 전압을 크게 할수록 전류의 세기도 커지지."

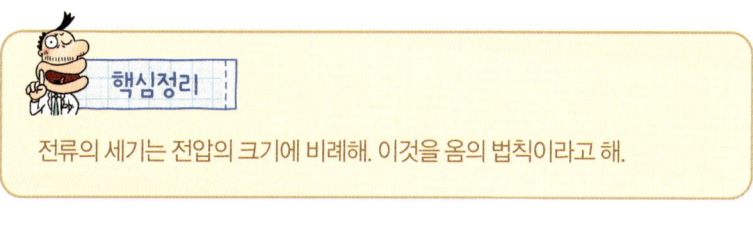

전류의 세기는 전압의 크기에 비례해. 이것을 옴의 법칙이라고 해.

 전류, 전압, 저항의 삼각관계는?

"잠깐만요. 제 그래프는 수재의 그래프랑 똑같지 않네요?"

나선애가 고개를 갸우뚱하며 물었다.

"그러게요. 똑같은 전지로 실험했는데 두 그래프가 왜 다른 거예요?"

장하다가 어리둥절한 표정으로 물었다.

"전압이 같아도 전류의 세기가 다를 수 있거든. 전압이 똑같이 6V일 때 수재가 측정한 전류는 0.8A, 선애가 측정한 전류는 0.4A인 것처럼 말이야."

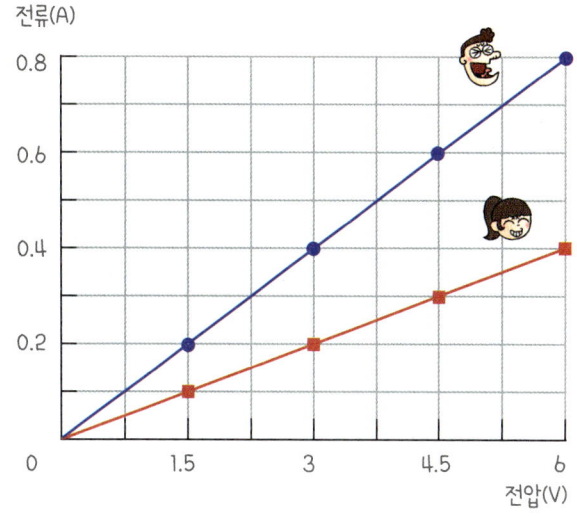

무슨 말인지 모르겠다는 표정의 장하다를 보며 용선생이 물었다.

"전류의 세기가 다르게 나온 이유가 뭔지 궁금하니?"

"네! 어서 알려 주세요."

"그건 수재와 선애의 회로에 연결된 니크롬선의 길이가 서로 다르기 때문이야."

"니크롬선의 길이가 다르다고 전류의 세기가 달라진다고요?"

"니크롬선의 길이가 다르면 저항이 달라지거든. 도체의 저항은 도체의 길이가 길수록 크다는 것 기억하지?"

"그랬던 것 같기도 하고……."

장하다가 머리를 긁적거렸다.

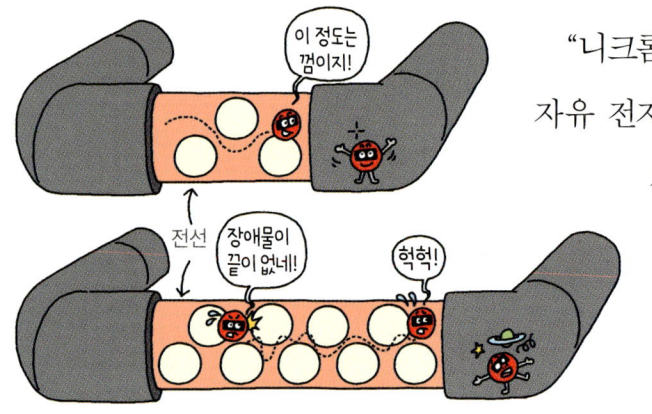

"니크롬선의 길이가 길어지면 니크롬선 속의 자유 전자가 이동할 때 원자와 더 많이 충돌해서 저항이 커져. 저항이 커지면 전류의 세기는 어떻게 될까?"

"작아져요!"

나선애가 큰소리로 답하자 용선생이 엄지를 치켜세웠다.

"맞아! 그래서 전류의 세기가 저마다 다르게 나온 거야."

"오호, 그렇군요."

"두 그래프는 저항이 달라서 똑같진 않지만 공통점이 있어. 둘 다 직선이라는 거지."

"그게 중요한가요?"

"그럼! 저항이 달라져도 전류의 세기는 늘 전압에 비례

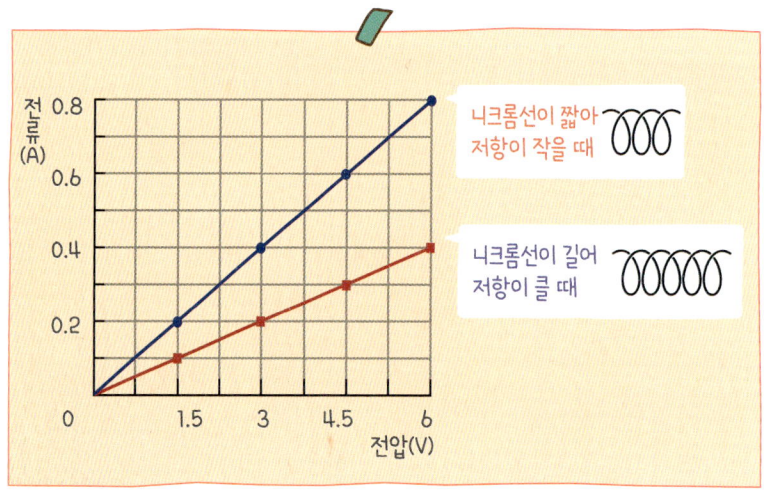

한다는 거니까. 즉, 저항에 관계없이 옴의 법칙이 성립한다는 말이지."

아이들이 고개를 끄덕이는 걸 확인한 후 용선생이 말을 이었다.

"전류의 세기는 전압이 커질수록, 또 저항이 작아질수록 커져. 이걸 식으로 나타내면 다음과 같아."

> **용선생의 과학 현미경**
>
> 분수의 전체 값은 분모가 커질수록 작아져. $\frac{1}{2}$ = 0.5, $\frac{1}{4}$ = 0.25, $\frac{1}{8}$ = 0.125, ……인 것과 같이 말이야. 옴의 법칙에서는 저항이 커질수록 전류의 세기가 작아지니까 저항이 분모인 거야.

"이 식을 이용하면 전류, 전압, 저항, 셋 중에 두 값을 알 때 나머지 하나의 값을 알아낼 수 있어. 예를 들어 아까 측정한 전압과 전류의 값을 옴의 법칙 식에 넣으면 니크롬선의 저항이 얼마인지 알 수 있지."

"오호, 그렇군요."

"저항의 단위는 Ω(옴)이라고 해. 1Ω은 1V의 전압을 걸

었을 때 1A의 전류를 흐르게 하는 저항이지."

"참, 글자가 요상하게 생겼네요."

"하하, 이 글자는 옴의 법칙을 발견한 과학자 옴의 이름에서 따온 거야. Ω은 그리스어 문자 중의 하나인데, 원래 '오메가'라고 발음해. 오메가와 옴의 발음이 비슷하다고 해서 기호 Ω을 사용하는 거야."

> **핵심정리**
>
> 옴의 법칙을 식으로 표현하면 '전류=$\frac{전압}{저항}$'이야. 저항의 단위로 Ω을 사용해.

 ## 옴의 법칙이 왜 중요할까?

"근데 옴의 법칙을 어디에 사용해요?"

허영심이 용선생을 빤히 바라보며 물었다.

"아주 훌륭한 질문이야! 우리 주위에는 옴의 법칙을 이용한 전기 기구가 아주 많아. 선풍기, 텔레비전, 게임기, 컴퓨터 등 우리가 매일 사용하는 전기 기구에는 전류의 세기를 조절하기 위해 넣는 전기 부품이 들어 있어. 이것을 '저항기'라고 해."

"근데 그게 옴의 법칙이랑 무슨 상관인데요?"

"전기 기구가 제대로 작동하려면 그 기구에 딱 맞는 전류가 흘러야 해. 전류가 너무 세면 자칫 너무 뜨거워져 불이 날 수 있고, 전류가 너무 약하면 기구가 작동하지 않거든. 그런데 전기 기구에 공급되는 전압은 보통 정해져 있어. 예를 들어 우리나라에서는 전기 기구의 플러그를 콘센

▲ 여러 가지 저항기

▼ 전자 회로 기기의 저항기

전원의 전압이 220 V이고 전기 기구가 2 A의 전류로 작동한다면 저항 = $\dfrac{전압}{전류}$ = $\dfrac{220\,V}{2\,A}$ = 110 Ω 이니까 110 Ω 짜리 저항기를 달면 돼.

트에 꽂았을 때 전압이 220 V야. 그래서 저항기로 저항을 조절해서 전기 기구에 딱 맞는 전류가 흐르게 하는 거지."

"저항이 얼마일 때 전류가 딱 맞게 흐르는지 어떻게 알죠?"

"이때 바로 옴의 법칙을 이용하는 거야."

"아하! 전류와 전압을 이용해서 저항을 알아내는군요?"

"그렇지! 아까 전류의 세기를 조절해서 선풍기 바람 세기를 바꾼다고 했지? 선풍기에 흐르는 전류의 세기를 조절하는 것도 저항기를 이용해 저항을 바꾸는 거야."

▲ 체지방 측정기

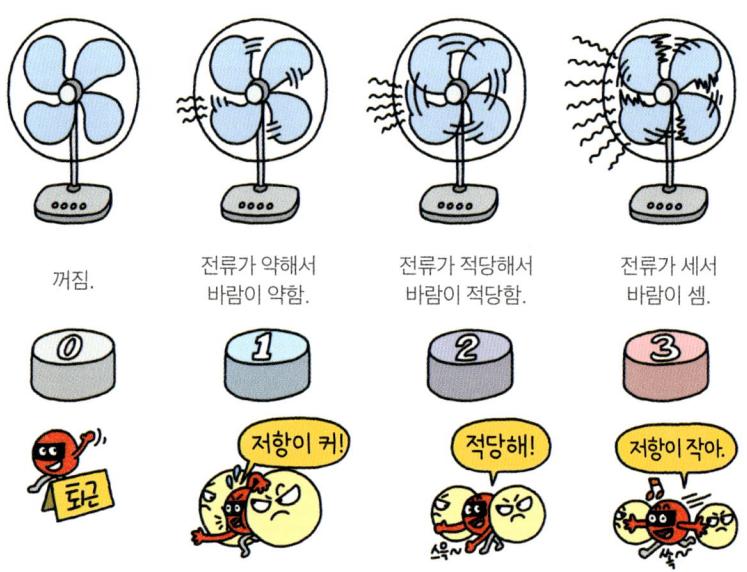

"저항기가 중요한 역할을 하네요."

"그렇지. 라디오에서 소리의 크기를 조절할 때, 조명의 밝기를 조절할 때, 전기 프라이팬의 온도를 조절할 때에도 저항기를 이용해서 전류의 세기를 조절해. 또 있어! 체지방 측정기도 옴의 법칙을 이용한 기구야."

"체지방 측정기가 뭔데요?"

"몸속에 지방이 얼마나 있는지 재는 기구야."

"옴의 법칙으로 그걸 어떻게 재요?"

허영심이 눈이 휘둥그레지며 물었다.

"체지방 측정기는 사람의 몸에 전류를 흘려 준 뒤 전압을 재서 저항이 얼마인지 측정해. 몸에 지방이 많을수록 저항이 크거든. 그래서 저항을 알면 체지방이 얼마나 되는지 알 수 있어."

"헉! 옴의 법칙으로 내 몸에 지방이 얼마나 있는지 잴 수 있다니……."

"그러니까 저항, 전류, 전압, 이 세 가지는 전기 회로에서 꼭 필요한 것들이야. 이 셋의 관계를 설명하는 옴의 법칙은 전기 회로에서 아주 중요한 법칙이란다!"

핵심정리

옴의 법칙을 이용하면 전기 기구를 작동할 때 필요한 저항의 크기를 알아낼 수 있어.

나선애의 정리노트

1. 옴의 법칙
① 전압이 클수록 전류의 세기가 큼.
② 저항이 클수록 전류의 세기가 작음.
③ 전류 = ⓐ / ⓑ

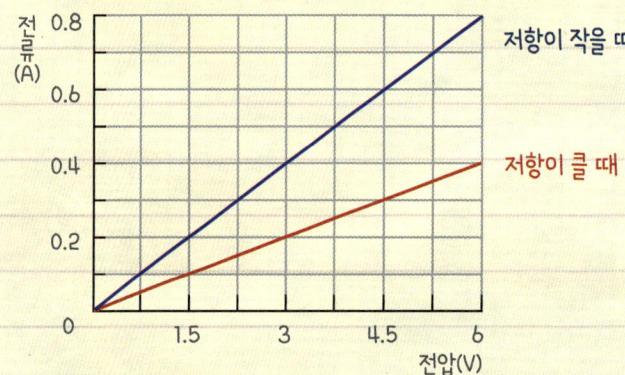

2. 저항
① ⓒ 을 이용하여 구할 수 있음.
② 단위로 ⓓ (옴)을 사용함.
③ 1Ω은 1V의 전압에서 1A의 전류를 흐르게 하는 저항

ⓐ 전압 ⓑ 저항 ⓒ 옴의 법칙 ⓓ Ω

과학퀴즈 달인을 찾아라!

●정답은 131쪽에

01

친구들이 이번 시간에 배운 내용에 대해 이야기 하고 있어. 옳으면 O, 옳지 않으면 X를 표시해 줘.

① 전압이 커질수록 전류의 세기가 커져. (   )
② 저항이 클수록 전압이 작아. (   )
③ 옴의 법칙을 이용하면 전기 기구를 작동하기 위해 저항이 얼마나 돼야 하는지 알아낼 수 있어. (   )

02

다음 설명에 해당하는 단어를 아래의 표에서 찾아 동그라미로 표시해 줘.

[힌트] 가로, 세로, 또는 대각선 방향으로 단어를 찾아!

① 요은 ○○의 단위야.
② 전압이 커질수록 ○○의 세기가 커져.
③ 옴은 ○○을 증가시키면서 전류의 세기를 재서 옴의 법칙을 발견했어.

전	자	석	전
류	기	저	기
마	찰	합	항
전	압	력	도

"어? 왜 이 줄만 불이 안 들어오지?"

크리스마스트리를 바라보며 허영심이 잔뜩 울상이 된 표정으로 말했다. 그러자 나선애가 큰 소리로 외쳤다.

"아하! 여기 필라멘트가 끊어진 전구가 하나 있었어!"

"어? 그럼 그거 빼고 나머지 전구에는 불이 들어와야 하는 거 아냐?"

"그러게. 게다가 다 그런 것도 아니고 전선 한 줄만 불이 안 들어와!"

왕수재의 물음에 장하다도 맞장구쳤다.

"그건 크리스마스트리 전구를 연결할 때 두 가지 방법을 사용했기 때문이야."

용선생이 크리스마스트리를 가리키며 말했다.

크리스마스트리 전구의 연결 방법

"두 가지 방법이 뭔데요?"

"첫 번째는 전구를 한 줄로 쭉 연결하는 거야. 다시 말해, 전구 여러 개를 한 줄로 연결하는 거지. 이런 연결 방법을 '전구의 직렬연결'이라고 해."

나선애가 노트에 받아 적자 용선생이 말을 이었다.

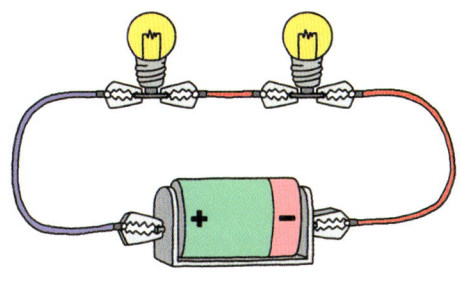
▲ 전구의 직렬연결

"두 번째는 전구 여러 개를 여러 개의 줄에 나누어 연결하는 거야. 이런 연결 방법을 '전구의 병렬연결'이라고 해. 전구의 연결에도 직렬과 병렬이 있는 거지."

"전구를 다르게 연결하면 뭐가 달라져요?"

"전구 하나가 망가져서 불이 안 켜질 때를 생각해 봐. 전구가 직렬로 연결되어 있을 때에는 길이 하나밖에 없어서 전구 하나만 망가져도 전류가 흐르는 길 전체가 끊어져. 즉, 전기 회로 전체의 연결이 끊어지는 거지."

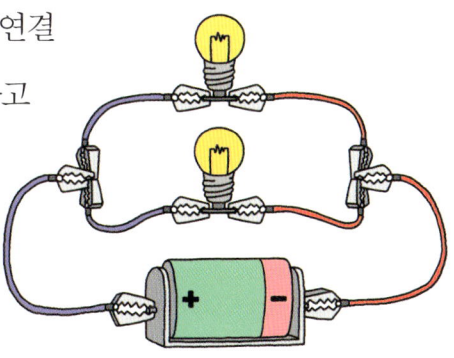
▲ 전구의 병렬연결

"그럼 전류가 흐를 수 없겠네요?"

"그렇지! 전류가 아예 흐르지 않으니까 같은 전선에 연결된 나머지 전구들도 불이 안 들어와."

"그럼 다른 길로 돌아갈 수 있게 길을 여러 개로 잇는 방법도 있어요?"

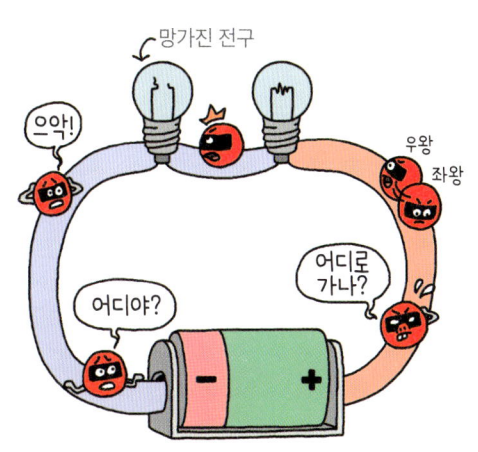

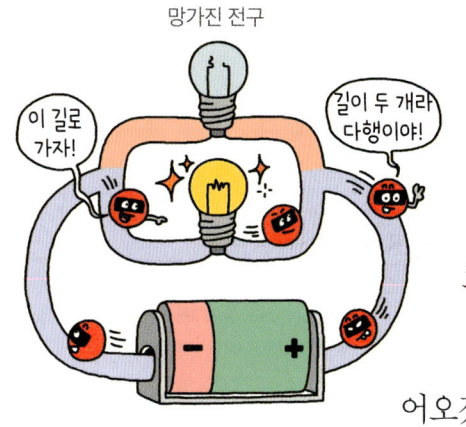

"그게 바로 전구의 병렬연결이야. 전구가 병렬로 연결되어 있을 때에는 전류가 흐를 수 있는 길이 여러 개야. 그래서 길 하나가 끊어져도 다른 길로 전류가 흐를 수 있어."

"그럼 망가진 전구 빼고 나머지 전구에는 불이 들어오겠네요?"

"맞아! 도로에 일렬로 세워져 있는 가로등도 병렬로 연결되어 있어. 그래서 가로등 한 개가 망가져도 나머지 가로등에는 불이 들어오지. 집에서 사용하는 전기 기구들도 마찬가지야. 전기 기구 중 하나를 꺼도 다른 전기 기구들을 계속 쓸 수 있지? 그건 전기 기구들이 병렬로 연결되어 있기 때문이야."

"오호, 그렇군요."

"직렬연결과 병렬연결을 모두 사용하는 경우도 있단다."

"언제요?"

"바로 크리스마스트리 전구를 연결할 때야. 만일 전구를 모두 직렬로 연결하면 전구 한 개의 필라멘트만 끊어져도 모든 전구에 불이 들어오지 않을 거야. 그래서 전구들을 몇 개씩 직렬로 연결한 후 이걸 다시 병렬로 연결해."

"그럼 아까 불이 들어오지 않은 전구들은 망가진 전구와 직렬로 연결되었던 거군요?"

"그렇지! 나머지 전구들에 불이 들어온 이유는 병렬연결이기 때문이고."

"오, 이제 이해가 되네요!"

허영심이 고개를 끄덕이며 말했다.

"그렇다면 크리스마스트리 전구를 모두 병렬로 연결하면 되지 않나요? 그럼 전구 하나가 망가져도 아무 문제가 없을 거 아니에요?"

나선애가 고개를 갸우뚱하며 물었다.

"전구를 모두 병렬로 연결하면 크리스마스트리에 전선이 너무 많이 칭칭 감길 거야. 잘못하면 엉킬 수도 있고."

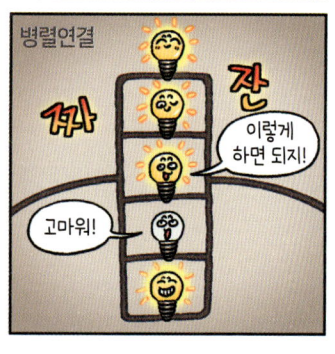

"아하! 그래서 둘 다 사용하는군요."

"이제 직렬연결과 병렬연결의 차이를 알겠지?"

"네!"

> **핵심정리**
>
> 전구의 직렬연결에서는 전구 하나가 망가지면 회로 전체에 전류가 흐르지 않아. 하지만 전구의 병렬연결에서는 전구 하나가 망가져도 다른 길로 전류가 흐를 수 있어.

전기를 쓰면 전자가 없어질까?

"전구를 직렬로 연결할 때와 병렬로 연결할 때 다른 점이 또 있어. 회로에 흐르는 전구의 밝기가 달라진다는 거야."

"밝기가 어떻게요?"

"그걸 알려면 먼저 알아야 할 중요한 법칙이 하나 있어. 전기 회로에 전류가 흐를 때 전자는 도중에 뽕 하고 없어지거나 새로 생기지 않는다는 법칙이야."

"그게 설마 법칙 이름은 아니죠?"

"물론 법칙 이름은 따로 있지. 바로 '전하량 보존 법칙'이야. 전류는 전하를 띤 입자의 흐름이라는 거 기억하지? 전하량은 전하의 양을 뜻하는 말이고, 보존은 그대로 남아 있게 한다는 뜻이야. 전기 회로에 흐르는 전자의 수가 일정하니 전하량도 일정하다는 말이지."

"전구를 통과하고 나면 전자 개수가 줄어드는 거 아니에요? 전구가 전자를 써 버려서요."

곽두기가 묻자 용선생이 고개를 가로저으며 말했다.

"그렇지 않아. 전구에 불이 들어오는 건 전자가 이동할 때 필라멘트에 있는 원자와 충돌을 하기 때문이야. 전자가 원자와 충돌하면 원자의 운동이 활발해지면서 온도가 높아지고 열이나 빛이 나기도 해. 하지만 전자가 없어지거나 새로 생기지는 않아. 물이 흘러 물레방아가 돌아도 물의 양이 줄거나 늘지 않는 것과 마찬가지지."

아이들이 고개를 끄덕이는 걸 보며 용선생이 말했다.

"전자의 수가 그대로이니까 전하량도 회로에서 줄어들거나 늘어나지 않고 항상 일정하게 유지돼. 전하량이 똑같으니까 전구를 직렬로 연결했을 때 전류

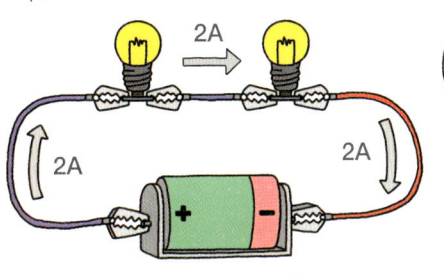

▲ 전구를 직렬로 연결할 때

의 세기도 회로의 어느 지점이나 똑같아."

용선생이 아이들을 둘러본 후 말을 이었다.

"전구를 병렬로 연결해도 전하량이 보존되는 건 마찬가지야. 전류가 여러 개의 길로 나뉘어 흘러도 그것들을 모두 합하면 나뉘기 전과 같아."

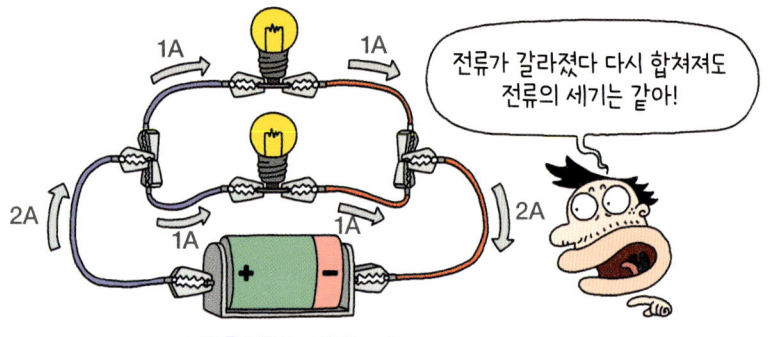

▲ 전구를 병렬로 연결할 때

장하다가 어깨를 으쓱하며 말했다.

"그건 당연한 거 아니에요? 물이 흐를 때 물이 어디로 새지만 않으면 여러 갈래로 갈라졌다 다시 합쳐져도 결국 전체 양은 똑같잖아요."

"오, 아주 훌륭한 비유인데!"

용선생이 장하다에게 엄지를 치켜들었다.

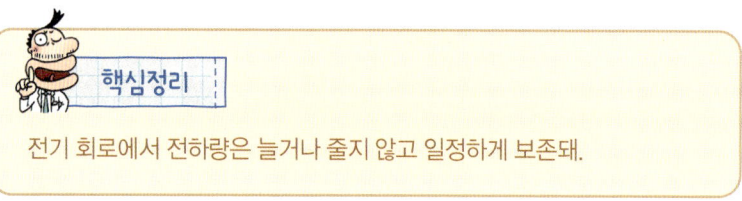

전기 회로에서 전하량은 늘거나 줄지 않고 일정하게 보존돼.

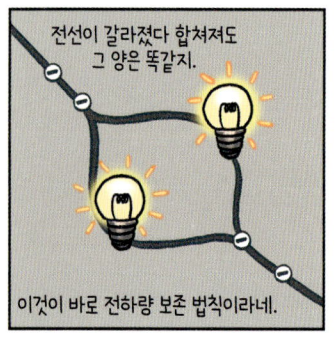

 ## 전구가 많을수록 더 밝아질까?

용선생이 서랍에서 전구를 여러 개 꺼내며 말했다.

"전하량이 보존된다는 걸 알았으니까 직렬연결과 병렬연결에서 전구의 밝기가 어떻게 달라지는지 알아볼까? 여기 있는 전구들을 하나씩 개수를 늘려가면서 직렬로 연결하면 전구 전체가 내는 밝기는 어떻게 될까?"

"그야 당연히 밝아지겠죠! 전구 개수가 늘어나는데."

아이들의 대답에 용선생이 미소를 지으며 전구를 직렬로 연결하기 시작했다.

"으악! 전구 개수가 늘어날수록 주위가 점점 어두워져!"

▼ 전구가 한 개일 때

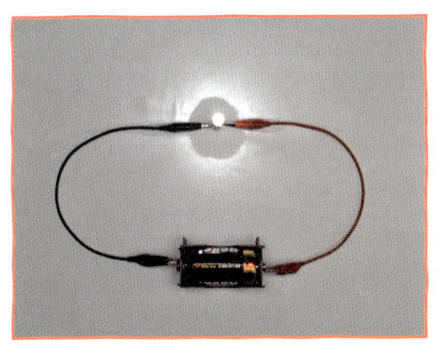

▼ 전구 두 개를 직렬연결할 때

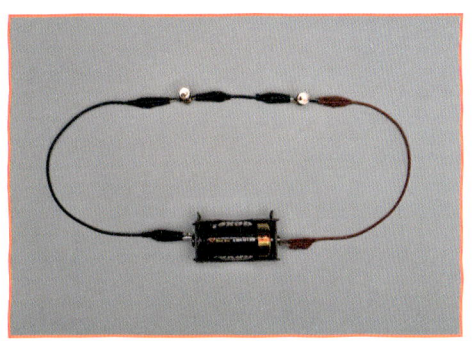

▼ 전구 세 개를 직렬연결할 때

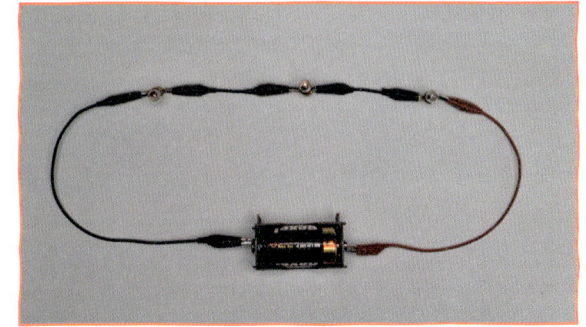

헉! 점점 어두워져!

아이들의 반응에 용선생이 무척 신이 나서 말했다.

"원리는 아주 간단해! 전구를 직렬로 연결하는 것은 전구를 한 줄로 늘어세운 거야. 그러니까 연결된 전구들의 필라멘트를 모두 합친 만큼 필라멘트의 길이가 늘어나는 것과 같지. 전구 필라멘트의 길이가 길어지면 전체 저항이 어떻게 되지?"

"커져요!"

"그렇지! 길이가 길어지면 그만큼 전자가 원자와 충돌을 많이 해서 저항이 커져. 전체 저항이 커지면 회로에 흐르는 전류의 세기는 어떻게 될까?"

"작아져요!"

"맞았어! 전구 여러 개를 직렬로 연결하면 전체 저항이 커져서 전류의 세기가 약해져. 그래서 직렬연결일 때는 전구의 개수가 늘어날수록 밝기가 점점 어두워지지."

핵심정리

전구의 직렬연결은 전구 필라멘트의 길이가 길어지는 것과 같아. 따라서 전구의 개수가 늘어날수록 저항이 커져서 밝기가 어두워져.

 전구가 많을수록 더 밝아지려면?

"그럼 전구의 개수를 늘리면서 주위를 더 밝게 할 수는 없는 거예요?"

허영심이 실망스러운 표정으로 물었다.

"밝게 할 수 있지! 이렇게 하면 돼!"

용선생이 전구를 병렬로 연결하기 시작했다.

"오! 정말 이번엔 전구 개수가 늘어날수록 주위가 더 밝아져요!"

"전구 하나하나의 밝기는 같은데, 여러 개가 있으니까 더 밝아진 것 같아요!"

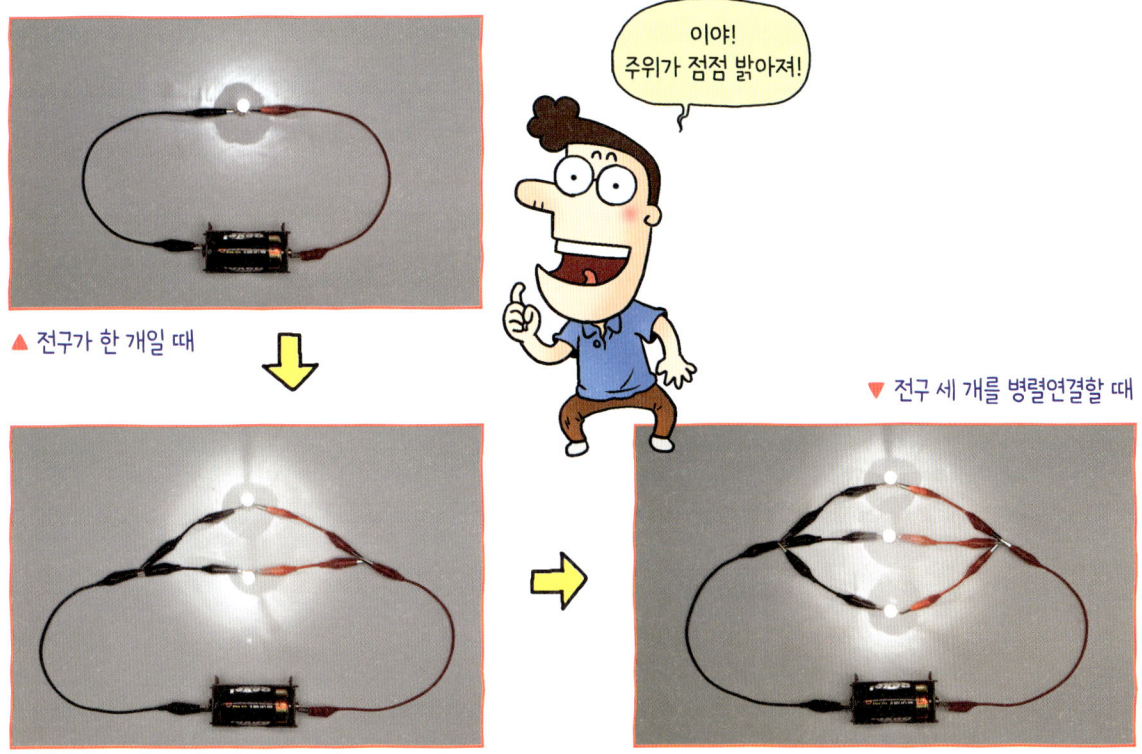

▲ 전구가 한 개일 때

▲ 전구 두 개를 병렬연결할 때

▼ 전구 세 개를 병렬연결할 때

이야! 주위가 점점 밝아져!

전구를 병렬연결하면 필라멘트의 굵기가 굵어지는 것과 같아서 저항이 작아져.

전구에 빛이 들어온 것을 보고 아이들이 말했다.

"맞아. 전구의 병렬연결은 연결된 전구의 개수만큼 필라멘트 굵기가 굵어지는 셈이란다. 전선이 굵어지면 저항은 어떻게 된다고 했지?"

"작아져요!"

왕수재가 재빠르게 답했다.

"그렇지! 저항이 작아지면 전류의 세기는 어떻게 된다고 했더라?"

"커져요!"

"아하! 그래서 전구 여러 개를 병렬로 연결하면 전구를 하나만 연결했을 때보다 전체적으로 밝아지는 거군요. 전구 전체의 저항이 작아져서 전류가 세지니까요."

나선애가 말하자 용선생이 흐뭇하게 웃으며 답했다.

"맞아. 전구를 병렬로 연결하면 전구의 개수가 늘어날수록 회로에 흐르는 전류의 세기가 커지지. 결론적으로 전구의 병렬연결에서는 전구의 개수가 늘어날수록 주위가 더 환해진다는 사실!"

"똑같이 전지 한 개를 연결해도 전구 여러 개를 병렬로 연결하면 회로에 흐르는 전류의 세기가 더 커진다니, 정말 신기해요!"

용선생이 회로에 연결된 전지를 가리키며 말했다.

"하지만 전류가 더 세게 흐르기 때문에 전지가 더 빨리 닳아. 같은 시간 동안 사용하는 전기의 양이 더 많거든. 집 안의 전기 기구들도 이렇게 병렬로 연결되어 있어. 그래서 전기 기구를 여러 개 동시에 사용하면 전기를 더 많이 쓰게 되는 거야."

"그럼 장하다네 집은 전기 요금이 엄청 많이 나오겠네요. 컴퓨터 하랴, 게임 하랴, TV 보랴……."

"아니거든!"

"자, 이것으로 전기 수업 끝!"

핵심정리

전구의 병렬연결은 전구 필라멘트의 굵기가 굵어지는 것과 같아. 따라서 전구의 개수가 늘어날수록 저항이 작아져서 전체적으로 밝아져.

# 나선애의 정리노트

1. 전구의 ⓐ

① 전구 여러 개를 한 줄로 연결하는 방법

② 전구 한 개가 망가지면 나머지 전구에도 불이 켜지지 않음.

③ 전구의 개수가 늘어날수록 전구 전체가 갖는 저항이 커져 전류의 세기가 작아짐. → 밝기가 어두워짐.

2. 전구의 ⓑ

① 전구 여러 개를 여러 개의 줄에 나누어 연결하는 방법

② 전구 한 개가 망가져도 나머지 전구에 불이 켜짐.

③ 전구의 개수가 늘어날수록 전구 전체가 갖는 저항이 작아져 전류의 세기가 커짐. → 전체적으로 밝아짐.

3. 전하량 보존 법칙

① 전기 회로에서 전류가 흐를 때 ⓒ 의 수가 늘거나 줄지 않아 ⓓ 이 보존됨.

ⓐ 직렬연결 ⓑ 병렬연결 ⓒ 전자 ⓓ 전하량

 **과학퀴즈 달인을 찾아라!**

●정답은 131쪽에

01

친구들이 이번 시간에 배운 내용에 대해 이야기하고 있어. 옳으면 O, 옳지 않으면 X를 표시해 줘.

① 전구를 직렬연결하면 전구 전체의 저항이 커져. (   )
② 전구를 직렬연결하면 전류의 세기가 커져. (   )
③ 전구를 직렬연결하면 전구의 밝기가 전체적으로 밝아져. (   )

02

생쥐 한 마리가 치즈를 찾아 미로를 헤매고 있어. 전구의 병렬연결과 관련된 설명 중 옳은 것을 따라가면 치즈를 찾을 수 있대. 생쥐가 치즈를 찾을 수 있게 도와줘.

Ⓐ 전구의 개수가 많아질수록 전체적으로 밝아져.
Ⓑ 전구의 개수가 많아질수록 전체적으로 어두워져.
Ⓒ 전구 하나가 망가지면 나머지 전구에도 불이 켜지지 않아.
Ⓓ 전구 하나가 망가져도 나머지 전구에 불이 켜져.
Ⓔ 집에 있는 전기 기구들을 연결하는 방법이야.
Ⓕ 전기 회로 어디에서나 전류의 세기가 같아.

| 용선생의 과학 카페 | 용선생의 한국사 카페 | 용선생의 세계사 카페 |

https://cafe.naver.com/yongyong

용선생의 과학 카페

과학계의 핵인싸,
용선생의 과학 카페에
오신 걸 환영합니다.

Log in

MENU

물리면 아프다
화학이 화하하
생물 오징어
지구는 둥글다

전기 요금을 어떻게 계산할까?

엄마가 전기 요금 많이 나온다고 컴퓨터 게임 그만하라는 말씀을 많이 하시지? 컴퓨터를 오래 쓰면 왜 전기 요금이 많이 나올까? 전기 요금은 어떤 전기 기구를 사용하는지, 전기 기구를 얼마나 오래 사용하는지에 따라 다르게 매겨져.

전기 기구에 따라 전기 요금이 다르게 나오는 이유는 같은 시간을 사용하더라도 전기 기구마다 사용하는 전기의 양이 다르기 때문이야. 예를 들어 진공청소기를 10분 돌릴 때 사용하는 전기의 양은 냉장고를 10분 켜 둘 때 사용하는 전기의 양보다 훨씬 많아.

각각의 전기 기구에는 '소비 전력'이 표시되어 있어. 소비 전력이란 그 전기 기구가 1초 동안 전기를 얼마나 쓰는지 나타내는 값이야. 단위로는 W(와트)를 사용하지. 소비 전력이 큰 제품일수록 전기를 많이 써서 요금이 많이 나와.

제품명: 진공청소기
정격 전압: 220V
소비 전력: 1390W
정격 전류: 6A
제조 년월: 2019년 11월

전기 요금은 '소비 전력 × 전기 기구를 사용한 시간'으로 매겨져. 이것이 바로 전기 사용량이야. 가정에서는 전기 기구를 여러 개 사용해. 그래서 각 전기 기구의 전기 사용량을 다 더해야 총 전기 사용량이 나와. 전기 사용량의 단위는 kWh(킬로와트시)를 사용해. 맨 앞에 붙어 있는 k(킬로)는 1,000배를 뜻해. 1km=1,000m인 것과 마찬가지지. Wh(와트시)는 전력의 단위인 W(와트)와 전기 기구를 사용한 시간의 단위인 h(hour: 시)를 곱한 거야. 예를 들어 소비 전력이 1,000W인 전기 기구를 2시간 동안 사용했다고 하자. 그럼 전기 사용량은 1,000W × 2h=2,000Wh가 되고, 2,000Wh=2kWh이니까 전기 사용량을 2kWh라고 나타내는 거야.

220V 콘센트에 꽂았을 때의 소비 전력이 1390W라는 뜻이야.

- 장하다의 오답을 피하는 방법
- 나선애의 야무진 실험실
- 왕수재의 아는 척 과학교실
- 허영심의 별 헤는 밤
- 곽두기의 빅뱅 따라잡기

COMMENTS

저 집은 지금까지 1억 2674만 8천Wh의 전기를 사용했다는 거군.

└ 장하다네 집 아니야? 컴퓨터 게임 하느라고.

└ 나 저렇게 많이 안 한다고!

가로세로 퀴즈

전기에 관한 가로세로 퀴즈야. 빈칸을 채워 봐.
띄어쓰기는 무시해도 돼.

가로 열쇠

① 전기적으로 중성인 물체에 대전체를 가까이 가져갔을 때에 전하가 유도되는 현상
② 전류가 흐를 수 있도록 전기 부품을 연결해 놓은 것
③ 서로 다른 물체를 마찰할 때에 한 물체에서 다른 물체로 이동하여 전기 현상을 일으키는 입자
④ 전기 회로에서 전류를 흐르게 하는 능력
⑤ 전구의 개수가 늘어날수록 전체 밝기가 어두워지는 연결. ○○연결
⑥ 저항이 작아 전류가 잘 흐르는 물질
⑦ 전압을 내는 장치. 건○○도 이것의 하나임.
⑧ 전구에서 텅스텐으로 만들어져 전류가 흐르며 빛을 내는 부분

세로 열쇠

① 원자핵에 묶여 있지 않고 자유로이 움직일 수 있는 전자
② 서로 다른 물체를 문지를 때 생기는 전기
③ 전하를 띤 입자의 흐름
④ 전기 현상을 일으키는 원인으로, (+)○○와 (-)○○가 있음.
⑤ 전하를 띠고 있는 물체
⑥ 전구의 개수가 늘어날수록 전체 밝기가 밝아지는 연결. ○○연결
⑦ 전압의 단위
⑧ 전기 회로에서 여러 전기 부품을 연결하는 도구. 안에 구리 선이 있고 바깥을 플라스틱이 감싸고 있음.

●정답은 131쪽에

교과서 속으로

교과서에서는 어떻게 배울까?

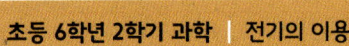

초등 6학년 2학기 과학 | 전기의 이용

전지, 전구, 전선을 어떻게 연결해야 전구에 불이 켜질까?

- **전기 회로**
    - 전지, 전구, 전선 등 전기 부품을 끊기지 않게 연결하여 전기가 흐르도록 한 것
    - 전기 부품의 도체 부분을 서로 연결하였을 때 전구에 불이 켜진다.

- **전류**
    - 전기 회로에 흐르는 전기
    - 전류는 전지의 (+)극에서 (-)극으로 흐른다.

 하지만 전자는 전류와 반대 방향으로 이동한다는 사실!

초등 6학년 2학기 과학 | 전기의 이용

전지의 연결 방법에 따라 전구의 밝기는 어떻게 달라질까?

- **전지의 직렬연결**
    - 전기 회로에서 전지 두 개 이상을 서로 다른 극끼리 연결하는 방법
- **전지의 병렬연결**
    - 전기 회로에서 전지 두 개 이상을 서로 같은 극끼리 연결하는 방법
- 전지 여러 개를 병렬연결한 전기 회로의 전구보다 직렬연결한 전기 회로의 전구가 더 밝다.

 전지를 직렬연결하면 전압이 커져서 전류가 세져!

초등 6학년 2학기 과학 | 전기의 이용

전구의 연결 방법에 따라 전구의 밝기는 어떻게 달라질까?

- **전구의 직렬연결**
  - 전기 회로에서 전구 두 개 이상을 한 줄로 연결하는 방법
- **전구의 병렬연결**
  - 전기 회로에서 전구 두 개 이상을 여러 개의 줄에 나누어 한 개씩 연결하는 방법
- 전구 여러 개를 직렬연결한 전기 회로의 전구보다 병렬연결한 전기 회로의 전구가 더 밝다.

 집에서 사용하는 전기 기구들은 병렬로 연결해!

중 2학년 과학 | 전기와 자기

마찰하면 생기는 전기

- **마찰 전기의 원인**
  - 서로 다른 두 물체를 마찰하면 한 물체에서 다른 물체로 (-)전하를 띤 전자가 이동한다.
  - 이때 전자를 잃은 물체는 (+)전하를 띠고, 전자를 얻은 물체는 (-)전하를 띤다.
- **마찰한 물체 사이에 작용하는 힘**
  - 마찰한 두 물체는 서로 다른 종류의 전하를 띠게 돼 서로 끌어당긴다.
  - 전하를 띤 물체 사이에 작용하는 힘을 전기력이라고 한다.

 우아! 중학교 가서 배울 내용을 벌써 알아버렸네.

찾아보기

감전 57-58, 80-81
게오르크 옴 95, 98, 105
구리 35, 42, 76-77, 81-87, 90
규소 90-91
금 35, 84-85
금속 35-38, 42, 66, 68, 76, 81-85, 88
니크롬 95-96, 99-101
대전(체) 33-34, 36-38, 41-42
도체 84-85, 87-88, 90-91, 98-99
도핑 90-91
레몬 (전지) 77
마찰 전기 14, 16, 23-24, 29
물질 15, 22, 35, 45, 49, 66, 82, 84-86, 88, 90, 95
반도체 90-91
볼타 전지 76-77
부도체 84-85, 88, 90
비례 96, 98, 100
소비 전력 124-125
아연 66, 76-77
알레산드로 볼타 76
옴의 법칙 95-96, 98, 101-106
원자 17-18, 35, 38-39, 41-42, 54, 81-85, 87-88, 90-91, 100, 115, 118
원자핵 17-19, 35-36, 38, 42, 90
은 35, 83-85
인 90
입자 17, 44, 49-50, 52, 58, 115
자유 전자 35-38, 41-42, 49, 51-52, 54, 58, 60, 81-83, 85, 88, 90,

98, 100
(전기) 저항 81-88, 91, 98-106, 118, 120-122
저항기 103-105
전구 49-50, 56, 67, 73, 77, 80, 82-83, 110-122
전구의 병렬(연결) 111-114, 116-117, 119-122
전구의 직렬(연결) 111, 113-115, 117-118, 122
전기 요금 121, 124-125
(전기) 회로 50-51, 60, 65-66, 74, 80, 91, 99, 103, 105, 111, 114-116, 118, 120-122
전류 48-53, 56-60, 65, 67-68, 73-74, 76-77, 80-82, 84-88, 90-91, 94-96, 98-106, 111-112, 114-116, 118, 120-122
전류계 95-96
전선 35, 49-54, 56-60, 65-67, 69, 76-77, 80-81, 84-88, 100, 110-111, 113, 116, 120
전압 65-74, 76-77, 94-96, 98-106, 124
전압계 95-96
전원 48-50, 103
전자 17-24, 29-30, 32-33, 35-36, 38-39, 41-42, 50-54, 56-60, 65-68, 77, 82-87, 98, 102, 114-115, 118, 122
전지 49-50, 56, 64-74, 76-77, 95-96, 98-99, 120-121
전지의 병렬(연결) 71-74
전지의 직렬(연결) 69-74, 77

전하 15-22, 24, 29-34, 36-40, 42, 44-45, 49-52, 58-60, 115-116
전하량 114-117, 122
정전기 33, 44-45
정전기 유도 33-42, 45
탈레스 13-14
텅스텐 83
플라스틱 21-23, 28, 31, 33, 45, 80-82, 85, 88
필라멘트 50, 56, 83, 110, 113-115, 118, 120-121
호박 13-14
흑연 84-85, 88
A(암페어) 59-60
kWh(킬로와트시) 125
V(볼트) 65, 68, 74
W(와트) 124-125
Wh(와트시) 125
Ω(옴) 101-102, 105-106

퀴즈 정답

1교시

01　①X　②O　③X

02

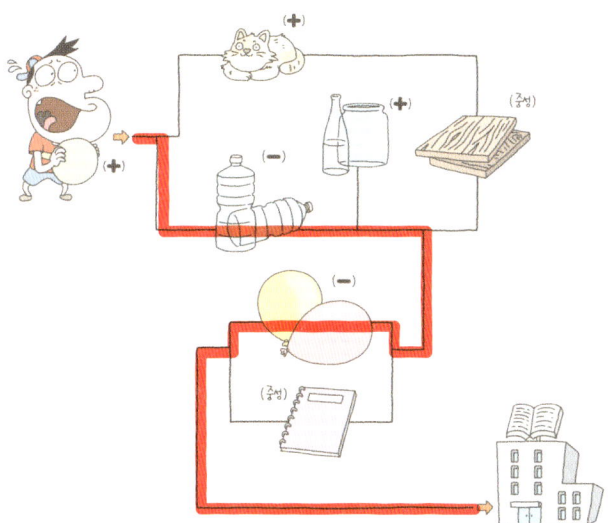

2교시

01　①O　②X　③O

02

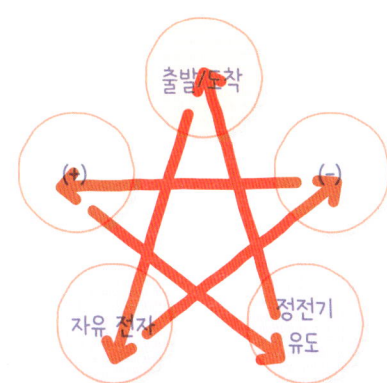

3교시

01 ① O ② X ③ O

02

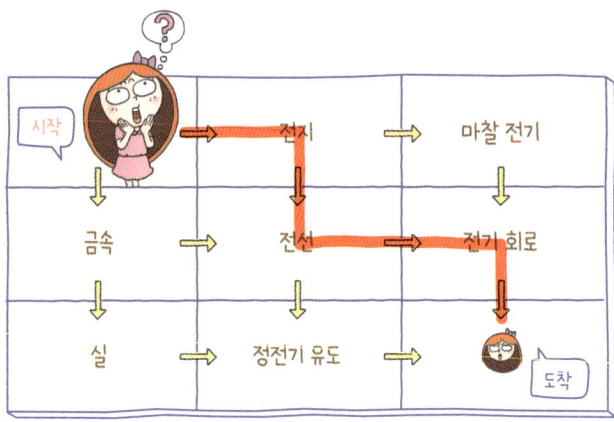

4교시

01 ① O ② O ③ X

02

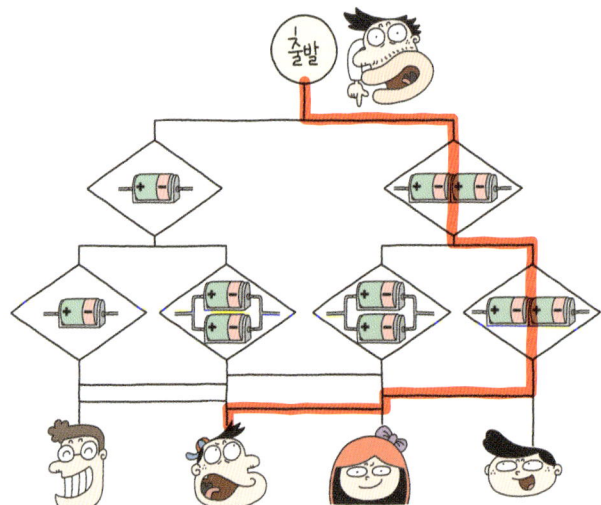

5교시

01 ①X ②O ③O

02

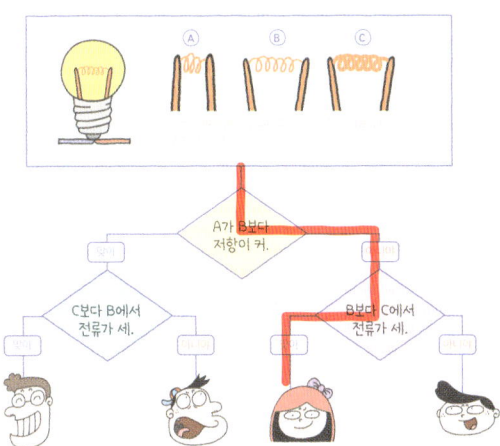

6교시

01 ①O ②X ③O

02 ①저항 ②전류 ③전압

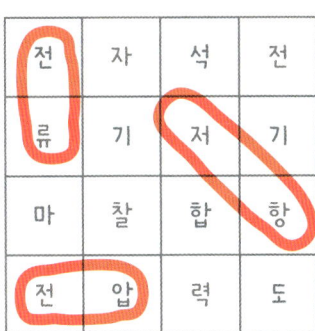

7교시

01 ①O ②X ③X

02

가로세로 퀴즈

			❶자			❷마		
①정	❸전	기	유	도		찰		
	류		전		②전	기	회	로
		③❹전	자		기			
		하						
				❺대			❻병	
				④전	압		⑤직	렬
			❻도	체				
		❼볼				⑦❽전	지	
⑧필	라	멘	트			선		

일러두기

· 맞춤법과 띄어쓰기는 국립국어원에서 펴낸 《표준국어대사전》을 따랐습니다.
· 과학 용어 표기는 《2015 개정 교육과정에 따른 교과용도서 개발을 위한 편수자료Ⅲ 기초과학, 정보 편》을 따랐습니다.
· 이 책에 실린 사진은 저작권자로부터 사용 허가를 받았습니다. 저작권자와 접촉하기 위해 최선을 다했으나 불가피한 사정으로 사용 허가를 받지 못한 일부 사진에 대해서는 저작권자와 연락이 닿는 대로 게재 허락을 받고 사용료를 지불하겠습니다.
· 이 책에 실린 그림의 저작권은 별도의 표기가 없는 한 사회평론에 있습니다.

사진 제공

10-11쪽: Ken Bosma(wikimedia commons_CC2.0) | 14쪽: 북앤포토 | 26-27쪽: 북앤포토 | 29쪽: 북앤포토 | 38쪽: DORLING KINDERSLEY/UIG(SCIENCE PHOTO LIBRARY) | 40쪽: 북앤포토, sciencephotos(Alamy Stock Photo) | 76쪽: I, GuidoB(wikimedia commons_CC1.0) | 104쪽: accuniq(selvas healthcare.com) | 108-109쪽: iriana88w(123RF) | 117쪽: 북앤포토 | 119쪽: 북앤포토 | 그 외: 셔터스톡

용선생의 시끌벅적 과학교실 | 전기

1판 1쇄 발행	2019년 12월 20일
1판 9쇄 발행	2025년 3월 10일
글	이명화, 김형진, 설정민, 이현진
그림	김인하, 뭉선생, 윤효식
감수	강남화
캐릭터	이우일
어린이사업본부	이승필
책임편집	최미라
편집	정세민, 이명화, 홍지예, 김미화, 최예리, 윤성진, 박하림, 김예린
마케팅	윤영채, 정하연, 안은지, 박찬수, 강수림
경영지원본부	나연희, 주광근, 오민정, 정민희, 김수아, 김승현
아트디렉터	강찬규
디자인	가필드
사진	북앤포토
펴낸이	윤철호
펴낸곳	(주)사회평론
전화	02-326-1182
팩스	02-326-1626
주소	03993 서울시 마포구 월드컵북로6길 56 사평빌딩
출판등록	1993년 10월 6일 제 10-876호

© 사회평론, 2019

ISBN 979-11-6273-067-6 73400

· 이 책 내용의 일부나 전부를 다시 사용하려면 저작권자와 사회평론의 동의를 받아야 합니다.
· 잘못 만들어진 책은 바꾸어 드립니다.

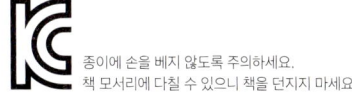
종이에 손을 베지 않도록 주의하세요.
책 모서리에 다칠 수 있으니 책을 던지지 마세요.